文化融入视角下的高校体育教学改革探索

王宝珍◎著

中国原子能出版社

图书在版编目（CIP）数据

文化融入视角下的高校体育教学改革探索 / 王宝珍
著 . -- 北京：中国原子能出版社，2022.8
ISBN 978-7-5221-2048-5

Ⅰ . ①文… Ⅱ . ①王… Ⅲ . ①高等学校－体育教学－
教学改革－研究－中国 Ⅳ . ① G807.4

中国版本图书馆 CIP 数据核字（2022）第 142267 号

文化融入视角下的高校体育教学改革探索

出版发行	中国原子能出版社（北京市海淀区阜成路 43 号　100048）
责任编辑	杨晓宇　王　蕾
责任印制	赵　明
印　　刷	北京天恒嘉业印刷有限公司
经　　销	全国新华书店
开　　本	787 mm×1092 mm　　　1/16
印　　张	12
字　　数	209 千字
版　　次	2022 年 8 月第 1 版　　　2022 年 8 月第 1 次印刷
书　　号	ISBN 978-7-5221-2048-5　　　**定　价** 72.00 元

作者简介

　　王宝珍，女，1977年4月生，河北衡水人，副教授，石家庄职业技术学院，体育教育专业，教育学硕士。河北省哲学社会科学新型智库专家，网球国际ITF一级教练员，羽毛球、乒乓球初级教练员，健美操社会体育一级指导员，国际共情陪伴大使，国家高级心理咨询师，儿童心智KASEL成长中级指导师。在高职院校执教过2万多名学生的体育教学与训练，指导多家社会体育俱乐部儿童教学与训练，多名队员取得运动员二级证书。在核心期刊与省级期刊发表论文20多篇，国家发明专利3项，主持相关市级省级课题2项。

前　言

作为不同层次学校的必备教学科目之一，我国体育教学旨在有效提升和保障学生身体素质，培养学生的创新意识，使其向德、智、体全面发展的方向成长。高校体育教学历来在高校教学和体育教育中占有重要地位，在促进我国体育和教育事业发展、促进大学生健康全面发展方面发挥着极其重要的作用。当下的高校体育教育教学进行改革性发展的主要目的是为未来社会创造有思想、敢创新、能协作、会生存的全面人才，这是针对现阶段体育教育事业进一步发展要求提出的战略。高校体育教学应当同文化课程联系在一起，随着高校体育教学改革的深化而全面推进，从而让学生对体育运动积极主动地参与、培养起体育运动方面的兴趣、在锻炼中提升学生的文化素养、协助高校学生在校期间的个性化发展和全面发展，在此过程中，学生能够树立正确的人生观、价值观。因此，从文化融入的视角研究高校体育教学改革，对高校体育事业的发展和人才的培养具有重大意义。

本书共分为六章内容。第一章内容为高校体育教学概述，主要从三方面进行了介绍，分别为体育概述、高校体育教学基础理论、高校体育教学中师生的基本素养；第二章内容为高校体育教学体系，主要从四方面进行了介绍，分别为高校体育教学理念、高校体育教学方法、高校体育教学课程、高校体育教学评价；第三章内容为高校体育教学中文化融入的理论基础，主要从四个方面进行了介绍，分别为文化融入基础概述、高校体育教学改革中文化融入的作用、高校体育教学改革中文化融入的必要性、高校体育教学改革中文化融入的策略分析；第四章内容为高校体育教学中文化融入的实践探索，主要从三个方面进行了介绍，分别为红色文化与高校体育教学中的融合、民族传统体育文化与高校体育教学的融合、中华优秀传统文化与高校体育教学的融合；第五章内容为高校校园体育文化建设，主要从三个方面进行了介绍，分别为高校校园体育文化的建设、高校校园体育文化建设的作用、高校校园体育文化的交流与传播；第六章内容为高校体育教学改革发展，主要从三个方面进行了介绍，分别为高校体育教学改革现状、高校体育教学改革策略、高校体育教学改革的未来发展。

　　在撰写本书的过程中，作者得到了许多专家学者的帮助和指导，参考了大量的学术文献，在此表示真诚的感谢。本书内容系统全面，论述条理清晰、深入浅出，但由于作者水平有限，书中难免会有疏漏之处，希望广大同行及时指正。

作者

2022 年 1 月

目 录

第一章　高校体育教学概述

本章主要从三方面阐述了高校体育教学概述，分别为体育概述、高校体育教学基础理论以及高校体育教学中师生的基本素养。

第一节　体育概述

一、相关概念

体育可被认为在教育产生之初的萌芽形态便已存在，作为一种文化现象随着人类文化活动的开展而出现。最初，体育运动只具有一些基本形式，不同国家对其的称谓及其具体含义有所区别。"体育"这一概念最早出现在18世纪末，被誉为"德国体育之父"的古茨穆茨（Johann Christoph Friedrich Guts Muths）在对部分身体活动内容进行整合、改造和发展后，整理出了一个系统性的体育教学内容，内含三大门类、九项内容，当时对于该系统的统称是"体操"，这也是近代对于体育的统称。这一体育教学内容体系被称为"古茨穆茨体操体系"（Guts Muths gymnastic system）或"德国体操体系"，以区别于其他国家的体操体系。古茨穆茨体操体系可以说是其后一系列北欧国家的体操体系的基础，并很快在欧美各国之间传播且流行，在历次拓展和补充后又逐渐加入多种新型运动项目，形成了现代体操体系。在施涅芬塔尔博爱学校首次推行，并广泛流行于欧美学校体育当中之后，古茨穆茨体操体系确立了"体育指的是以身体活动为手段的教育"这一基本理念，其后一段时间内，人们常常混用"体操"和"体育"这两个并存的词语。自20世纪初始，体育项目的种类日益增加，身体运动的形式更新变化，人们开始统一应用并推广"体育"一词。

我国早期西式学校，如洋人学馆、教会学堂等最早在 18 世纪中叶使用"体操"这一称谓。1902 年，清政府颁布《钦定学堂章程》，其中引用了来自日本的"体操"这一概念，同样由日本舶来的德国"兵式体操"也在学堂教育中得到了广泛推广。1907 年，"体操"一词正式出现在清朝政府学部的奏折中。辛亥革命以后，国民体育教育中开始普遍应用"体操""兵式体操"等概念。于 1923 年颁布的《中小学体育课程纲要（草案）》正式将"体操科"改为"体育课"。

另有说法认为"体育"一词最早于 1904 年出现在湖北省幼稚园开办章程中。《钦定学堂章程》指出，幼稚园对幼儿的全面教育责任重大，其间"幼儿身体健壮"尤为重要，幼稚园也因此被视为良好体育建设的阵地；1905 年湖南蒙养院的"教课说略"也有关于体育实质目的的相关记载，即令学生通过体操运动成就完善健美的体魄，同时通过歌舞等艺术类教学内容提升个人修养、塑造良好的心理状态。

体育概念的由来在全球范围内一直存在争议，并且至今尚未有所定论。1953 年，第一届国际体育会议于美国举办，1963 年第一届国际体育术语统一研究会于奥地利召开，其后还举办过若干次国际性的体育学术会议，这些会议都视体育的基本概念为会议讨论的重要议题，由此可见，体育基本概念的一致和明确十分必要，也相当困难。对这一概念的专业研究和讨论热潮在我国始于 20 世纪 80 年代，当时的体育工作者就"真义体育"和"整体体育"两个议题展开讨论，而且相关争议至今仍然没有达成共识，依然是仁者见仁，智者见智。不过，这一点并不会阻碍相关学者开展研究工作，任何参与者都可以在结合不同观点分析后，根据自己的探究侧重点提出有针对性的见解和理念。

上海辞书出版社 1984 年出版的《体育词典》对体育的概念定义是："体育是人类根据自身生产与生活的需求，按照人体生长发育以及身体活动的基本规律，依据自然界的空气、水、光照等自然因素和生理卫生知识，将基本身体练习作为基本活动手段，为实现增强体质、丰富人们的文化娱乐生活等目的而进行的一种社会性活动，是组成我国社会主义文化教育活动的重要部分之一。"这一定义对于体育功能的表述（人们的具体需要）虽然试图做到更加全面，但还是不够完整，忽略了体育诸多方面的内涵，如其对人类的日常生活和社会生产、不同社会形态下经济、政治、军事、文化等各个领域方面的需求的映射。人们进行体育活动时要考虑和遵守的不仅是肉体运动的固有规律和自身作为自然属性生命体的发育成长规律，还要考虑到个人作为社会生命体所接受的教育、体育教育发展的要求等方面。另外，体育的相关概念不宜涉及指向模糊、歧义较大的表述方式。

《中国大百科全书（体育卷）》中关于体育的概念描述提到：体育的内在含义分为广义和狭义两层，其中广义的"体育"内容涵盖了对身体的教育活动、人体基本锻炼活动和运动竞赛活动三个方面。其中，身体教育活动是教育的基本部分之一，同道德教育、智力培养、审美教育等教育类型并列，它的形式主要是目的性强、组织性和计划性明显的身体活动，旨在协助参与者增强身体素质，掌握基本的体育锻炼知识技能，推动参与者的多方面发展，为参与者培养坚定的意志和高尚的道德观念；人体基本锻炼活动旨在维护身心健康的医疗监督、娱乐项目等身体活动；运动竞赛活动旨在尽可能地提高并拓展人类的体质、体能及心理素质方面的潜能，并以更加优异的运动成绩为目的，专门制定、开展训练计划和活动。

柏林国际体育工作会议在1916年就明确提出了有关体育术语的四项规定："与体育运动的本质概念相符；语言表述准确；用语简洁；一般人能够理解。"可见，上述概念没有按照这一思想规定展开，并且违背了定义的逻辑原则。

《辞海》"体育"词条中的陈述如下："狭义的体育是指以增进健康医疗康复，休闲娱乐为目的的身体教育活动。其与品德教育、智力教育、审美教育相结合，构成了整个教育。广义的体育是指体育运动，主要包括对身体的教育、竞技性运动、身体基本锻炼三个方面。广义体育和狭义体育都是以人类的基本身体活动为手段，以增进健康、增强体质、提高技术，都具有教育以及进行教学、训练、参与运动竞赛的作用。体育随着社会的发展而进步，受社会政治、经济、文化发展的影响和限制，同时为社会的政治、经济和文化等的发展与稳定服务。"从中可以看出，体育的广义和狭义之分不符合汉语语境中的语言习惯，是对其本身基本的价值取向和作用的分化割裂，在日常生活中并不能说我们什么时候开展的是"广义"层面的体育，什么时候我们从事的是"狭义"层面的体育，这完全不符合语言逻辑和日常思维。

在我国研究领域，体育的概念往往接近"身体教育""身体文化""身体活动""社会活动""文化活动""一门科学"等概念。而按照苏联体育理论专家马特维耶夫（Matveyev）的主张，应该从文化角度思考并把握体育的概念，即体育在个人文化和社会文化中都占有十分重要的地位。这项文化与其他社会文化存在本质区别：体育文化用以掌握和协调人的身体发展、使之达到更佳水平的方式是肢体活动及身体运动，能起到提供生活和工作实践的身体方面的准备的作用。贾齐教授等人编著的《作为世界的身体》和《运动学习：认识世界的一种方式》等著作中详细论述了体育帮助人类提升自我认识水平、达到身心和谐统一、超越单纯的身体活动的意义和价值。

结合上述各方观点，体育的定义可被概述为：一种最佳化个体体质教育与社会教育的活动，主要形式和手段是各种有针对性的、能够优化人类的身体生存或生活状态的肢体练习，其目的在于促进人体身心健康，是组成社会文化的一部分。

对于"体育内容"这一概念的界定目前尚不明确，人们一般采用"体育""运动项目"或"体育项目"等指称来反映具体的项目内容。"体育"这一统称往往可以代替具体的体育内容。

实际上，从上述的各种说法我们可以看出，"体育"一词所涵盖的所有内容是对其本身的内涵的外延，所有的体育内容则更接近"体育"这个词的外延。可以将体育内容视作对体育所容纳的各种项目、素材以及与之存在关联的方法和规程的总称。体育范围内的各种项目内容在加以整理协调之后被合入学校体育范畴，从而成为后备性质的体育教学内容、主要来源及选择库中的素材。

二、体育社会功效

（一）定义

体育活动作为一种人类社会通有的文化现象和全体人类共有的语言，产生于广大人民群众在历史进程中的生产和生活实践，从其成型到延伸发展都在人类社会中体现出显著的社会效益。这其中，体育的社会功效是指其在整体的社会系统的运行过程中所达到的预期成果或收益。也就是说，相较于体育的社会功能，其社会功效的核心价值的集中展现往往在于结果或效果，体育的社会功能突出的则是能力和作用。由此可见，体育的社会功效和社会功能两者并不等同，但均包含着体育的社会价值。

体育的社会功效是一个关乎着国民身心健康与和谐、全面发展和个人幸福、社会发展和团结乃至构建体育强国与体育命运共同体的议题，对体育社会功效的深入研究是国家、社会、国民对原有体育认知进行重新思考，化理念层次的体育自我认知意识为物质实践层面的认同的需求和关键。但是，国内外的相关领域学者在进行研究时往往容易混淆体育的社会功效、社会功能和体育社会作用，侧重研究发掘社会功能和社会作用而在一定程度上忽视了体育的社会功效。

（二）内涵

1. 行为个人层面

行为个人即进行某一特定活动的特定主体。学生作为体育锻炼的行为个人，只有从中强化体质、磨炼意志、体会乐趣、健全人格，才达到了体育锻炼的实际目的——培养德智体美劳全面发展的社会主义建设者和接班人。这其中，强化体质、磨炼意志、体会乐趣、健全人格等目的兼具价值理性和工具理性两方面现实意蕴。强化体质是最基本层面的意义，即所谓的"强筋骨"，这一意义主要是人类身体方面的身体哲学价值意蕴；磨炼意志、体会乐趣、健全人格是更进一步的精神层面意义，也就是所谓"增知识、调感情、强意志"的心理哲学价值意蕴。可以说，强化体质、磨炼意志、体会乐趣、健全人格这四个方面的意义集中体现了野蛮与文明、体魄与精神的对立统一辩证关系，将体育的社会功效的价值意蕴在人的全方位发展这一层面具体地展现了出来。在行为个人这一角度，人的全面发展的具体含义是人的各种需要及潜能素质能够得到最大限度的充分发展，人的社会关系在发展过程中得到充分丰富，人的自我意志和个性得以自由充分地体现等方面。要在新时代背景下阐发人的全面发展主体地位，就要将行为个人作为中心，在全面发展的内涵下将人民的美好生活作为新时代的追求。人的全面发展历程包括体育方面的诸多要求，人民美好生活在体育方面具象化的呈现方式则往往表现为行为个人对于体育领域的内生需求的获得感和完成体育外在显像时体会的幸福感。

2. 社会责任层面

体育能在很大程度上反映和标志一个国家社会的发展和人类的进步，体现着整个国家的社会文明程度和综合国力。体育不仅是维护社会稳定的重要因素，还是推动社会变革的重要力量，因此，体育可以说彰显着共筑和维护价值理性与工具理性的社会责任，作为促进社会进步和社会发展中的重要因子，其发展演变与社会进程一脉相承，担负着推动人类社会前进的重大社会责任。无论是"强种救国"时期"体育救国"的社会责任还是"兴体强国"时期的"体育强国"与"健康中国"等社会要求与责任，从中都可以体会到体育的社会功效针对推进社会进步所展现的价值内涵。体育在结构功能主义层面可以被视为一个整体的社会系统，其整合社会功效在推动社会进步方面的功能十分显著。这其中，全民健身与全民健康融合发展都是现代化体育强国建设与健康中国发展战略进程中为整体完备社会系统而设置的子系统，其实际功效主要在于适应社会、达成目标、整合资源以及维系潜在模式等方面，具体表现为在社会范围内广泛开展全民健身运动，并配置相应的器材、场地等实物资源，构建完善的全民公共健身服务体系，对现有资源有效扩大增量，在非医疗健康和体医融合领域加强干预力度等。除此之外，还应当提到的是，体育扶贫也是脱贫攻坚战的重要组成部分，在社会扶贫和推动社会进步等方面也有显著功效。这种功效一方面体现在体育扶贫对于体育领域供需矛盾的化解上，另一方面也体现在其对于促进全民健身与全民健康深度融合的作用上。体育扶贫的实现要求多举措共推、多渠道开发、多领域融合，构建完整的体育扶贫社会系统，在社会范围内使公众清楚认识并充分发挥体育扶贫的重大责任，切实展现其推进社会进步的功效。

3. 国家战略层面

体育运动不仅是人民健康幸福生活不可缺少的构成部分，也是实现国家强盛必要的环节，"体育强则中国强，国运兴则体育兴"的理念已经切实映射在人民的社会生活中，可以说，体育的社会功效的释放在个人层面可以促进达成人生幸福，在国家层面则能够推动体育强国建设，是为全体人类谋求福祉的必要战略。在外交层面，体育可以被视为一种国家级别的战略手段，各个国家的国民之间都可以通过开展体育活动来进行跨文化交流，因此体育的价值还在于其社会效益，即全面提升社会公民的幸福指数，推动现代化强国建设。这一方面的内容涉及"体育外交"战略，这一战略主要指各政府或非政府组织、社会媒体及公众人物等多元行为主体通过各种手段同国外的组织及公众展开体育方面的交流切磋，这不仅可以实现各国间体育文化的交互往来，还可以作为提升国家形象、维护和拓展国家利益的外交手段，它在政府角度可以有力地支援外交政治，在民间角度可以作为公共外交的重要途径。

三、我国体育的发展历程

（一）古代体育

1. 体育在我国古代社会前期的发展

中华民族的生产生活实践自 100 万年以前的原始社会就已经开始了，我们的祖先制作使用工具的实践始于打制和应用粗略石器，并由于争取生存和繁衍后代的自然生物竞争而逐渐愈发深切地认识到拥有强壮敏捷的躯体的作用，以及熟练掌握各种身体技能对人类生存的重大意义。在远古时期，石器作为实用工具出现并投入生产与生活，这就是人类的体育文明取得巨大进步的实际表现之一。

在距今 4000 多年以前，中华民族的古代社会形态进入奴隶社会阶段，这一历史背景下，各种夺权和反夺权、侵略和反侵略的战争频发，因此统治阶级愈发看重对其部族成员展开的军事、作战能力的相关教育训练，越来越多的部族人氏参与到专门开展的体能训练中，这就是古代奴隶社会中军事体育活动乃至娱乐体育活动的产生原因及经过，而且其中的部分项目在社会和历史的发展进程中始终延续和演变，在当今社会仍然得到保留和发扬。许多如今我们熟知的古老体育项目，如弄丸、武术、投壶、蹴鞠、风筝、秋千、舞蹈养生导引术及养生气功等，不仅是强身健体、休闲娱乐的体育项目，还带有显著的民族色彩；角力、举重、射弩、狩猎等均是世界范围内通有的体育活动，为世界人民所喜爱；至于人类最为原始的身体技能，如奔跑、跳跃、攀爬、游泳、划船等，更是从古至今都被实践于生产、生活乃至争斗中。

2. 体育在我国古代社会中期的发展

现代体育史学研究所定义的古代中期指的是公元前 221 年—1279 年这一历史时间段，也就是从中国第一个真正意义上的封建王朝——秦朝开始，直到宋朝结束。

秦王朝的统治为后世留下的最为深远的意义在于其建立的中央集权的封建主义制度，以及在全国范围内推行的一系列封建王朝政策，整个朝代虽然仅历时 15 年便土崩瓦解，但所确立的政策对后来的封建王朝产生了深远影响，其中，仅对于体育活动产生的影响就体现在日常生活诸多方面。秦始皇极其看重全国范围内的治安稳定，尽可能控制和消除社会层面的骚乱因素，因此在民间禁止任何与讲授武术、学习武术、操练武术相关的活动，毫无疑问这一政策会严重打击武术的自然发展，这一时期的民间体育活动军事体育性质被大大削弱，取而代之的是各种民间娱乐性质的体育活动的开展，如角抵、俳优等。此外，在秦朝，军队仍然将箭术作为军事训练的主要内容。

到了汉朝，政治局势和社会局面稳定，经济得到快速发展，出现繁荣壮大的场面，教育、科学技术和文化艺术等文体领域的内容自然随着经济繁荣得到显著发展。在这其中，体育运动也在汉代展现出了突出的前进与变化。汉代民间体育活动主要有导引、登高、蹴鞠、百戏等形式，军事体育则有射箭、骑马、角抵、剑术等，均取得了长足发展，其中角抵技艺得到了明显的进步，拳艺则已经被作为一项专业性的技能来发展培养。

晋朝是中央政权分崩离析、社会荒乱动荡的历史时期，这一时期中国社会人口锐减，包括体育活动在内的许多文化项目都遭遇重大打击，能够在这一社会环境下保留的体育活动大多服务于统治阶级的娱乐享受，或出于延年益寿的需求，其中包括投壶、射箭、相扑、百戏、武术、养生等具体项目。此外，值得一提的是女子在北朝时期已经开始参与如箭术、骑马、舞剑之类的军事体育活动。

隋唐五代因社会经济和文化风气的繁荣而成为中国体育运动繁盛发展的时期，尤其唐朝以国力强盛闻名，各种体育娱乐活动蓬勃发展。在这一历史时期，社会局势长期稳定和谐，之前饱受社会动荡折磨的人民得到了充足的休养生息空间，安定的国家形势使政治、经济、文化、军事、科技等领域都得到了长足充分的发展。这种环境下，社会文化和体育事业都能获得非常优越的发展契机，体育活动内容丰富、风气开放、要求规范，体育活动的种类和数量增多，丰富性十足，在质量方面也得到了很大提升和改善，受众面快速扩张，上至王公将相，下至平民百姓，人们对体育运动的关注、喜爱和参与都十分踊跃。此外，有越来越多体育活动项目能够接受女子的参与，其中包括围棋、舞蹈、登高、马术、秋千、蹴鞠、踏秋、射箭、步打球等，女子在体育活动中的参与人数、涉及的项目数量都有了明显的提升和扩展，这一现象可以说是对女子体育的发展的强力促进。

体育运动的开放性主要在于这一运动能够向多方面不同的目标发展，这些目标包括军事训练、文娱艺术、日常锻炼和社会地位等。以舞剑为例：军事训练方面，唐朝的军队将士在对于剑术技能的掌握上有一系列具体要求；文娱方面，舞剑已经衍生出艺术化的剑术表演技艺，往往与当时的音乐、舞蹈、杂技等欣赏内容相结合；日常的锻炼和娱乐方面，一些普通人家也会以舞剑作为锻炼身体、休闲放松的手段；社会文化和风俗方面，宝剑往往被作为一种镇邪法器或突出身份的地位象征在家宅内悬挂。从舞剑多样化的目的、形式和发展方向可以看出，在唐代已经演变出了娱乐化、艺术化、日常化和平民化的军事体育项目。

体育运动的规范性主要体现在统治阶层对体育提升军民身体素质、维护社会治安的重大作用的重视，以及为此采取的各种政策约法。唐朝不乏将体育锻炼视为强化军队战斗力、扩大军事力量储备的途径的统治者，为了巩固统治和开阔疆土，唐朝政府对于体育运动的发展制定了一系列促进性质的政策和制度，如"府兵制"和"武举制"。前者的主要内容是，兵府在农闲时段对成年男子进行系统的军事训练，在有战事时将其编排为军人，统一调遣，该政策来源于北朝时期颁布的义务兵役制度，在隋朝得到延续和补充，至唐朝已经较为健全；后者则被唐朝政府应用作选拔和任命将才的方式。这两种制度都是唐代体育快速发展的重要因素。

此外，唐朝多个领域的学者都曾就体育这一主题展开研究，与体育相关的著作的作者涵盖了儒学家、佛学家、道学家、武术家、医学家以及军事家等多个方面，内容则涉及球类、舞蹈、骑术、箭术、武术、剑术、养生、气功、按摩、棋牌等诸多项目，这些著作极大地补充了我国古代的体育理论，推动了体育事业的良性发展。

至宋代，体育运动的发展仍然保持着前代积极的势头，而且在形式和内容的方面同样取得了长足的进步和显著的领域拓展与创新。宋朝时，大量民间体育社团开始在社会范围内出现，组织了许多体育活动，而在官方方面，政府同样制定相关政策、颁布有关法令，以对民众展开系统性军事训练，对宋代体育发展起到了良好的作用。但是至南宋时期，程朱理学的指导思想在统治阶级和平民阶级盛行，这一点并不利于体育的进步，可以算作人为阻碍因素。

宋朝存在许多由民众自发组织起来形成的民间体育社团，旨在进行日常性的武术练习，这些社团包括以枪棍等器械训练为主的"英略社"，以箭术训练为主的"锦标社"，以相扑训练为主的"角抵社"等。此外，宋朝已经出现了较低成本的造纸术，因此上述民间社团也得以采用编写书籍的方式，以书面形式总结练习经验并加以推广，这可以称得上养生体育及军事技术和技能提升方面的一大发展。这些早期体育书籍的主要内容还包括整理总结前人留下的养生运动方面的实践经验，如按摩法、导引法、行气法、五禽戏、八段锦、易筋经等就是由此归纳和提炼的，养生体育在这一环节得到了进一步的多样化系统发展。

我国古代中期的体育多样性呈现出异常鼎盛的局面，这一点尤其在唐宋时期得到充分体现：这一时期的体育项目种类之多、内容之丰富远远超越之前的所有历史时期，包括角抵（如角力、摔跤、相扑）、球类（如马球、水球、捶丸、蹴鞠等）、武术、骑射、投壶、百戏、棋牌、游泳、水秋千、踢毽子、养生体育等。

3. 体育在我国古代社会后期的发展

元朝时期蒙古族占领中原地区，中国社会民族矛盾愈发深刻，动荡和不稳的因素扎根环境，形成长期隐患。蒙古族作为自古以来的"马背上的民族"，不论男女老幼皆长于骑射，元代社会也大力推崇骑射、角抵等活动，但是这种推崇是限定在蒙古族民众中和军队中的，并未在汉族民众之间得到推广，相反，元朝政府下令禁止汉人的民间武艺操练活动。元朝时期的武术活动受到了政策的严重阻碍和破坏。

在明代，球类运动中最为流行的、占据主导地位的仍然是蹴鞠运动，上至皇室贵族及宫廷宫女，中至文人大夫，下至杂技艺人、女子儿童，蹴鞠仍然是人们日常休闲娱乐的重要形式，但已经不再像宋元时期一样极度广泛地流行，其作为一项体育运动的社会地位也越来越薄弱。清代时，蹴鞠存在与发展的社会土壤已经逐渐消磨，文体风气已不再适合蹴鞠的流传，在外族文化入侵、"奇技淫巧"和"万般皆下品"的社会风气等因素共同作用下，这一运动彻底边缘化，乃至最终消亡。

清朝末期，随着西方政治势力和文化思潮的入侵，西方的体育运动也快速在我国民间流传普及开来，甚至逐渐成为近代中国社会的主要体育文化构成。在相当长一段时间的中西体育文化碰撞中，中国人都保有对本土文化的执着，对外来体育文化甚为轻视，甚至清朝政府也拒绝过国际奥林匹克运动会的参与邀请，但这并未最终阻止西方的外来体育文化在中国体育环境中保留和延伸。在如此背景下，中国本土传统球类活动快速式微衰亡，这一史实可谓我国体育文化传承方面的严重损失。

（二）近代体育

1911 年，辛亥革命爆发，清廷的统治由此被彻底推翻，在中国政治体制中占据主宰地位达两千余年的封建君主专制制由此寿终正寝。民国政府执政期间，西方近代体育项目开始不断融入传入中国社会并广泛流传，在中国体育文化内展现出突出且深远的影响。而在此之前，清末洋务运动开展时期，西方体育项目主要以三种方式传入中国：①洋务派官员专门聘用西方军事教师到中国进行专业的学科教授；②政府派遣专人赴西方国家学习各学科知识，这其中包括体育学科；③驻留中国的西方人在日常生活中对中国民众产生有意或无意的影响。近代中国社会存在一些包括外交官、传教士、商人、军人等驻留中国的欧美人士，这些人有时会出于自身习惯、强身健体等目的进行一些本国体育运动，由此影响到周围的民众，这一现象或直接、或间接地在中国近代社会传播推广了西方体育文化方面的内容。

（三）现代体育发展历程

1949 年，中华人民共和国正式宣布成立，中国由此步入新民主主义建设和社会主义建设时期，中国的广大人民群众在中国共产党的领导下真正当家作主，工人阶级成为我国的统治阶级。我国政治、经济、文化等社会方面的性质、地位、服务对象等都产生了根本性改变，真正面向广大人民群众服务的社会主义新文化开始在中国兴起。作为文化娱乐的重要组成部分，体育领域的革新发展也是肉眼可见的，可以说我国现代体育事业崭新的发展阶段就是由中华人民共和国成立开始的，不同领域的体育，如学校、军事及社会体育，在继承近代以及新民主主义革命时期所有革命、进步、光荣的优秀体育传统的同时，非常注意吸纳借鉴其他国家（以苏联为代表）在相关方面的先进经验，同本国的实际情况加以结合，建设出了一条富有中国特色和社会主义特征的体育前进道路。可以说，新中国的体育发展史就是由"一穷二白"发展为亚洲乃至世界体育强国的历程，其间道路坎坷，挫折不断，光荣与磨难兼具。在正式成立之后，新中国在中国共产党的带领和全体人民的不懈奋斗下克服了种种困难和挑战，最终打造出了全世界人民有目共睹的灿烂体育成就，具有中国社会主义特色、符合中国国情的体育建设道路也由此构建完成。许多体育领域的相关政策都兼重现代新式体育的要求和本民族的传统项目，主要内容包括田径、体操、篮球、射击等等。具体政策包括竞技体育领域的举国性体制、群众健身领域的体育项目普及与提升等。

中华人民共和国于 1956 年正式公布体育竞技方面的法案《中华人民共和国运动竞赛制度的暂行规定（草案）》，明确规定了田径、体操、羽毛球、乒乓球、篮球、游泳、跳水、滑雪、速度滑冰、花样滑冰、拳击、摔跤、举重、武术、棋类、自行车、技巧运动等共计 43 项竞技体育项目，内容涵盖了基本项目、水上项目、冰雪项目等，以及其他种类繁多的传统民俗性体育项目。

（四）当代体育的发展前景

在"国运盛，体育兴"这一理念的指导下，中国体育保持着蓬勃发展的态势，并在 20 世纪 80 年代，随着改革开放的深入步入了全面复兴时期。在改革开放的背景下，中国一步步走向世界，也需要在这一过程当中逐渐融入世界；在汲取世界先进文化时，也应当向世界发出自己的声音，让世界人民懂得中国。当今时代背景下，国际范围内的经济、政治、文化交流日益频繁，我们应该具有向全世界展示自己成就的信心。

国际领域的体育竞赛与体育交流就是中国向世界展示自己的良好契机。20 世纪 60 年代，新中国兴起向苏联学习社会主义建设经验的热潮，在体育领域表现为"全运会为中心"的成立，即组成专业性质的国家集训队、省体工大队、各地市体校及业余训练队，由国家体委统一管理，形成相互关联的竞技体育管理训练体制，充分发挥集体制度的优势和运动员自身的潜能，以确保整体竞技水平的稳定保持和提升，这就是所谓的"举国体制"，我国体育健儿就在这样的背景下在国际性体育赛事中大放异彩，取得了举世瞩目的傲人成绩。由此可见，体育的政治、经济、文化等价值会在其自身的社会发展历程中逐渐显现，让人认识到其内在的独特魅力。我国体育事业从"乒乓外交"到"女排精神"，从"体育经济"到"体育产业"，无不彰显出大国竞技精神和风范，使人们愈发深刻地认识到体育的真正内涵。1949 年之后，中华人民共和国政府高度重视学校体育、军事体育和群众体育，在群众中间形成了清晰的体育认识和良好的日常习惯。改革开放以来，中国社会经济快速发展，生产力水平大幅度提升，人民生活水平日益富裕优化，因此人们对文娱生活的需求逐渐增长，关于各种体育运动的需求旺盛上涨，体育事业在一系列催生下蓬勃发展；此外，党的十一届三中全会之后，各种与体育竞技相关的政策、举措竞相出台，全面促进了我国体育事业的健康发展，体现了我党对体育工作的高度重视。

四、学校体育

（一）学校体育教育

14—16 世纪是欧洲的文艺复兴时期，文艺复兴运动始于意大利，这一时期的作家、艺术家们高度赞扬人体及人体美，并促生了 16 世纪后期的宗教改革，改革家们对传统学堂教育重灵魂而轻肉体的思想作出了强烈批判，并主张在教学科目中收入体育。16 世纪捷克伟大的民主主义教育家夸美纽斯（Jan Amos Komenský）是启蒙运动时期学校体育课程的倡导者和领路人，他认为一个真正意义上健全的人应兼具高尚的灵魂和健康的躯体，使身与心在成长中实现和谐统一。近代以来，西方文化对中国产生重大影响，欧美的体育教育模式也进入了中国传统教育的领域。1904 年清朝政府颁布的《奏定学堂章程》规定了正规学校教育需教授体育课程，这可以说是我国体育制度构建的开端。而新时期下，体育教育则是以科学理论作为指导，以教师传授和学生学习作为途径，充分开发利用各种文体教学资源，并就学生的全面健康发展提出了"三维健康观"的概念，即体育教育要将学生的身体发展、心理发展、社会适应作为三个指定目标。

作为学校教育的重要组成部分，体育教育不仅能够使学生掌握一定的身体技能、保障健康、提升身体素质，还有助于培养体育锻炼的兴趣，养成体育锻炼的良好习惯，磨炼学生心理意志，充实健全学生的人格。因此，体育教育是维护学生身心健康最重要的前沿阵地之一。

（二）学校范围内的体育价值自觉

1. 具体内容

在对某一事物的价值追求上，人们往往会因认识的由浅到深而经历"价值自发"和"价值自觉"两个阶段。在第一阶段，即价值自发阶段，人们尚且无法全面认识事物的客观规律，因此容易身处客观过程的支配之下，这一阶段的人是追求事物外在价值的主体；第二阶段，即价值自觉阶段，人们已经掌握了一定程度的事物客观规律，可以正确地对事物展开认知，在这样的基础前提下，人们就可以综合考虑眼前和长远角度的利益、着手统一功利价值和真善美价值，在有计划、有目的的前提下展开各种实践活动。

在学校体育教学研究中，价值自发和价值自觉的概念同样具有参考价值，因为学校体育同样是一种体现国家、社会、教育活动的发起者与实行人和学生主体等对其价值追求的价值实践活动，来自不同主体的强大追求是学校体育教育活动持续前行发展的动力。故此学校体育领域的价值自觉可以被视为国家、社会、学校、教师、学生、家庭等价值主体在学校体育教学过程中，基于对学校体育本质的合理认识，积极、主动、理性地思考学校体育功利，并将其同真善美价值统一，进行追求，以实现个人的健康全面发展。学校体育教学的价值自觉则是这一领域价值追求中的高级阶段，其具体表现是前述种种价值主体在追求体育这一客体的价值的过程中表现的价值选择、价值认知、价值内化自觉。

2. 表现形式

（1）认知自觉形式

价值的本质是客体的属性与功能对主体的需要的符合满足程度，而体育的价值认知体现的就是作为价值主体的人对体育这一价值客体的认知，一个人的体育价值认知决定着他对体育的理解和追求。在国家层面，国家范围内的相关法规政策、价值取向风气会很大程度上影响甚至决定人们对于学校体育的价值理解。现阶段中国的体育价值认知已经经历了三个阶段：价值感知（或称为价值经验）阶段、理性价值认识阶段和价值预测阶段。在社会层面，社会整体的价值认知导向同样影响着体育教学的发展方向。假如全社会的公民都能准确认识到高质量的体育教学对于促进个人全面发展和社会进步的重要作用，那社会范围内必定兴起支持体育教育的浪潮，为体育学科的发展提供优良的氛围。

（2）选择自觉形式

价值选择的本质是判断的主体基于对客体的属性功能的认识，按照自己的内在价值尺度，通过最小的代价换取最大利益的过程。人们的不同价值选择基础是各自不同的价值判断标准，而人们进行价值判断的主观标准往往来自对切身利益的思量。学校体育教学活动一方面来说是体育教师群体赖以满足谋生需求的职业，另一方面，就教师的职业内涵而言，体育教育是培养、塑造全面型人才的教育活动的一环。综合而言，生存需求作为人的第一需要，终归属于层次较低的基础价值追求，体育教师应当首先基于教学活动的谋生价值作出价值选择，并将教育的树人目的作为更高层次的价值追求努力实现。

（3）内化自觉形式

美国相关学者对"内化"的定义是：一个人在自身的观念体系中收纳外在的准则和意志等，并将其转变为个人意识的一部分。而学校体育教育的价值内化则以学生为价值主体，将国家围绕体育竞技制订的系列文件、政策、价值理念等内化为个人价值观念的一部分，再用其规范自身的体育行为，这一转化过程需要社会、学校、家长等外在主体对学生进行合理的教育和指导。学生在自我内化体育教学的价值时会受到来自微观和具体环境的多方面影响，在这一历程中，学校、家庭、社区等是价值内化的重要微观环境；而具体环境的主要构成是推进学生的体育教学价值内化过程中某个具体的时间节点、地点或情景，包括学生参与、体育教师领导的体育课、各类课余活动、体育竞赛等校园体育活动。综上，可以将学校体育教学的价值内化归纳为微观环境和具体环境两方面，前者主要包括学校、家庭、社区对学校体育教育的价值内化作用，后者主要包括教师通过教学资源在具体的环境中对学生渗透的体育相关价值。

（三）学校体育"四位一体"的目标

1. 概述

改革开放 40 年来，我国学校体育改革历经了调整恢复、巩固提高、改革探索和深化完善四个重要时期，取得了长足的进步与发展。然而我国当下在校园体育教育中实施的"享受乐趣、增强体质、健全人格和磨砺意志"四位一体目标的进程中，却依然面临着教学氛围死板、学生体质低下、品质和意志教育短缺的不利状况。要走出困境，需从法律环境、资源配置、教师心理、课堂氛围四层次演进，强化政策工具，补齐制度漏洞；发挥耦合优势，加速教材落地；鼓足奋斗精神，转变落后观念；将促进学生身心健康发展的教学理念带入"乐趣课堂"，变革教学模式。

2. 意义

（1）明确了学校体育的具体要求

伟大时代是伟大理论的诞生关键。"四位一体"论述是习近平总书记针对校园体育教育对于我国青少年身心健康的重要影响做出的纲领性文献，其立足点是新时代下的中国特色社会主义实践，述明了新时代下学校体育教学的内在发展客观规律，就具体实践为教学目标指明新发展方向，作出新战略部署，主要包括以下三点：一是学生的乐趣性体验。当代学生的自我意识十分突出，要详细深入地了解学生的想法，教师就要真正走入学生的生活，这样才能制定针对性突出的教学策略，使教学经过更加合理，让学生在体育课程中真正体会到运动的乐趣。二是以提升学生身体素质为目的。学生因个人体质、生活环境的不同，锻炼提升的历程也必不可能一帆风顺，会遇到各种方面的困难与挑战。体育教师要以出众的社会责任感和使命感协助学生的学历锻炼，为学生提供优良的校园环境和学习条件，及时发现学生成长的关键点并予以帮助，实现体育锻炼对学生身体素质的全面塑造。三是在锻炼中造就学生的健全人格：学生时期是人生成长的一大关键阶段，是未来健全人格形成的重要时段。要保障学生的人格健康，教师应具有足够的政治素养和责任感，正确全面地引导学生的心理发展，为学生的优良人格创造有益的条件，让学生充分参与新时代下中国特色社会主义实践并健康成长。四是磨炼学生的坚定意志。学生可以在经常性的体育锻炼中培养吃苦耐劳、坚忍刚毅的品质，并对日常的学习、生活乃至未来的工作起到十分重要的积极作用。

（2）为体育教学指出发展方向

学校体育教学是当下保障学生群体的全面发展、培养终身锻炼习惯的有效方式之一。习近平总书记对新时代学生的健康成长予以高度重视，将学校体育教育放在教育领域的重要地位上，并就"四位一体"的学校体育理念作出重要论述，指出了学校体育教育在新时代背景下的前进方向：一是始终将学校体育的本质性功能置于首位，认清学生时期对于培养合格的健康与锻炼意识、养成合理有序的生活方式的突出作用。应该合理地指导学生在这一时期自觉强化体育锻炼，这一点关乎学校体育教育的功能和体育锻炼本质功能的实践，是评判学校体育教育事业成功与否的关键。二是提升学校体育自主创新的程度和范围，引入国外优秀体育教学理论和先进教育经验及方法，但不能一味照搬而失去自主性教学理念，要将"四位一体"理念作为体育教学改革的阶段性目标，基于对国外多样化思潮的借鉴，实现并强化我国学校体育教学理论和实践的自主性、创新程度。

（3）为学校体育教学确立时代性目标

"四位一体"为当代学校体育教学指明了发展目标，是习近平总书记从"健康中国"的全局角度作出的体育教育领域的新阐述。在当下，全体中国人民的时代奋斗目标就是实现中华民族伟大复兴的中国梦。习近平总书记提出的"四位一体"是新的历史方位下对学校体育教学目标最为全面且权威的概括理论。这一概述完全改变了中国学校体育教学以往只将锻炼身体作为主要目标的局面，将体育对人才塑造的完整意义凸显出来，其终极目的是为实现中华民族伟大复兴的中国梦持续培养有数量保证的、全面发展的时代新人。

青少年学生一代必是未来建设国家、领导国家的主体。"四位一体"理念不仅是让教师重视学生体质提升的要求，还是磨炼学生群体坚强的意志、培养学生的健全人格、为实现"两个一百年"伟大奋斗目标和中国梦作出的重要努力。

（4）为学校体育实践拓展方式

教育"立德树人"的指标要建立在"四位一体"目标上，将其作为根本方向，学校体育的实践活动也应基于"四位一体"拓展。作为党和国家确定的教育事业根本任务，"立德树人"密切联系着学生的个人发展与国家的整体前景，而学生群体的身心素质事关"两个一百年"奋斗目标大局，联系着中华民族的伟大复兴和中国梦的实现。相关学者证实，体育不仅能够提升全民体质，还有诸如磨砺意志、完善人格、健全意识形态等高层次的意义，一个民族的体育锻炼程度关乎其整体思想道德水平和民族精神意志，可以说是一项国家层面的基础性工程。在校园内的体育教育这一过程中，学生的体质提升是基本任务，心理素质培养是教育的根本。此外，人工智能可以在不久的将来成为体育教师教学的主要手段，采用大数据分析等方式对课堂内外的教学活动和组织进行安排，这些都体现了"四位一体"目标在社会主义体育教育建设事业中的投入，是各大高校体育教学的重要实践。

第二节　高校体育教学基础理论

一、体育教学相关概念

（一）教育层面

教育这一社会现象随着人类社会的起源而产生，随社会变迁发生改变，本质是对人社会实践活动能力的培养。这个具体的词语在中国最早出现于《孟子·尽心上》一文："君子有三乐，而王天下不与存焉。父母俱存，兄弟无故，一乐也；仰不愧于天，俯亦不怍于人，二乐也；得天下英才而教育之，三乐也。"[①]《说文解字》一书对其释义："教，上施下效也！""育，养子而使之为善也"[②]。

"教育"一词在西方的来源是拉丁词"*educare*"，本义是"导出""引出"，即以某种方式将本来潜藏于人体内部或思想深处的东西激发出来，这个词旨在强调"引出"的自然性，也就是导出的是自然人固有或潜在的各种素质，目的在于符合、顺应人类的实际发展需要。19 世纪末 20 世纪初，清政府颁布《奏定学堂章程》，正式废除科举制度，这标志着中国新式学堂制度的设立，具体表现为开设并普及新式学校、实行师范类教育并专门培养学堂教育人员，这一系列教育领域的举措是近代学校教育基础模式的开端，在中国教育领域内掀起了改革的浪潮，西学不断渗透入传统教育，最终取代原有的教育内容，在中国学校教育中占据主导，"教育"在这一过程中成为日常活动中的常见词语。

教育活动自身及其背景都有着明显的复杂性，在形式上也有着肉眼可见的多样性，因此人们很难为教育指定明确的概念。当下的普遍和主流观点是：教育以推进个体发展为首要和直接效用；在成就个体的发展中实现其影响如社会经济、国家政治与文明文化等宏观方面发展的价值。所以往往一些具有共识性的结论会将教育划分为广义和狭义：前者是对主观影响人类活动和发展、目的性强的所有活动；后者则指教师指定环境（即学校）中按照普适目的、法律要求和学生自然的身心发展规律对其展开有组织、有目的、有计划地培养活动，尽可能使学生在预期过程中发生指定的改变，即将发展作为训练、指导、培养等教育活动的最终

---

① 孟子.孟子 [M].王俊编校.北京：中国商业出版社，2019.

② 许慎.说文解字 [M].天津：天津古籍出版社，1991.

目的。综上所述，相关研究的结论是：教育是人类按照一定社会（或阶级）政治、经济、文化等方面的具体需要将自身文明延续并发展的手段之一，会对教育的受众目标有组织、有目的、有计划地造成一定身心影响，并将其培养成可适应社会（或阶级）的进步需要的人才。

课程是学校教育的方式载体，其具体内容由教育的目标决定，在教育活动的过程中作为基础的一环发挥着重要作用。教育内容的基础在于对人才培养的要求和规范，是对教育所处时代背景下的政治、经济、文化等方面的发展情况的映射。教育的具体内容发挥着培养人类智力、体质、品德、审美能力等诸多能力方面的用途；涵盖了国家与社会各个方面的活动知识、技能和价值观念、行为守则等。在其表现形式上，它囊括了理论知识和技术知识两方面的教育。所以有研究的结论是，课程内容的来源是教育的目标，即教育活动应传授给学生的学识与技能、思维方式、行动举止等。2016 年 9 月，应教育部基础教育二司的委托，在北京师范大学的率先作用下，华南师范大学、山东师范大学、辽宁师范大学和河南大学共同策划的"我国基础教育和高等教育阶段学生核心素养总体框架研究"项目公示了研究成果——系统化设计得出的育人目标框架，在实践上涉及教育各个环节的大范围改革，方式上包括课程设计、教育实践与评估等。在具体内容方面以二次设计和革新道路作为教育实操和评估、课程安排设计的改革重心。综上，与课程内容有关的因素领域内的研究必将被教育工作者作为新一轮改革的着手点和重难点，我国教育的具体目标和不同等级学生群体实际需要的重要素养会成为开发和编排课程内容的明确指标要求。

（二）教学层面

学生——即教育的接受客体可以通过许多种途径获得知识并推动自身的进步发展，这些途径包括在校期间所受的教育、教学课堂之外群体性组织的社会文化活动以及日常生活中丰富多样的生产、生活与实践活动，社会公益行动和志愿活动等。获取知识方法的多样性与教育活动本身相辅相成，都是有效推动学生（以及各种教育客体）成长的形式。不过在这当中，学生（以及各种教育客体）主要还是通过校园教授活动来获取知识。可以认为，课堂教学的本质就是学生（以及各种教育客体）进行的认知、认识活动，其目的和作用在于减免教育活动的随意性、零散性，获取知识途径的碎片化，将教育活动以专业性突出的方式进行，在这一过程中实现教学效率的增进，使学生（以及各种教育客体）不至于过于分散地对知识技能进行自主选择。此外，教师（以及各种教育主体）的责任是有意引导、细致安排教育活动，以实现教师（以及各种教育主体）自身对于教授内容的透彻理解和教学中最合理的方案设计，减少或避免学生（以及各种教育客体）在学习中遇到无法克服的困难，或在重复纷繁的学习实践中产生过多错误，以保证双方学习过程中每个环节的通畅性和有效性。此外，上述教学活动并非单纯传递知识的过程，而是对学生十分关键的培养和教化，是保障教育任务全面顺利实现的关键。这一过程不仅要求信息的完整教授、认识的全面发展和智力的多方位培育，还会起到教化升华思想品质的重大作用，在这一点上只能通过教学来促进学生的全面发展。

19世纪德国哲学家、心理学家，科学教育学的奠基人赫尔巴特（Johann Friedrich Herbart）基于认知心理学基本理论和教育同教学的紧密联系，提出了一套阐释教学基本目的的认识理论，以关于道德观念的形成和道德品质作为教学目的，并基于此指出了"教育性教学"的意义所在。在赫尔巴特的理论中，教学的教育性是一项必要因素，所有方面和种类的教学都应当具备这一特征，并且教育是不能脱离于教学单独存在的。赫尔巴特指出，"无教育的教学"和"无教学的教育"都是不可能存在的，教学失去了道德教育就会失去根本目的，仅是一种单纯的手段；而道德教育或品质教育如果不依托于教学，就会失去实际操作手段，而只是纯粹的目的性存在[①]。他的这一"教育性教学"基本思想如今已在现代教育学领域形成一种共识，并且在教育教学历史的不断变迁和革新中得到了持续深入的发展。

应该说，教学作为教育体系中无法分隔的一部分，即是教育的一个过程阶段，也是其主要实践手段，主要目的在于充实和提升受教育个人的内涵与素养，并使受教育者实现全面发展。学校是在这一过程中，兼存于不同国家和社会环境中多样的政治、经济、文化背景中，达成教育目标的重点环节。

（三）体育教学层面

中国的体育教学历史悠久，古代学校教育中已经包括了一部分比较接近现代

---

① 张焕庭. 西方资产阶级教育论著选 [M]. 北京：人民教育出版社，1985.

体育的项目课程，如春秋战国时期的"六艺"——礼、乐、射、御、书、数中的"乐""射""御"，这三者的性质都与现代体育教学类似，其目的在于借助身体塑造方面的教学打造受教育者的全面能力，令受教育者"文武双全"，将其培养为国家需要的栋梁之材。可以说，体育教学始终随着人类社会的变迁而出现和发展，在这一过程中不断获得补充完善，其构成和影响因素十分复杂。

体育教学在现代被作为青少年儿童学习和掌握运动方面技术知识、树立合理的锻炼态度、培养积极合理且有益健康的运动习惯的方式之一，在学生有效掌握体育保健知识、提升运动能力乃至达成我国现阶段学校体育教育目的和任务等方面都发挥着重要作用。体育是一个重在教学过程的特殊教育科目，并十分看重对学生内外形象——即身体形态和良好气质的塑造，旨在锻炼学生的健康体魄和强大心理素质，故此健身系统体现出了身心内外合二为一的统一性。

如前所述，体育教学活动的开展要依据学校体育的教学目标，遵守明确的计划、目的和相关组织性。这其中，教师是体育教育的主体，学生是体育教育的客体，二者都是教学的参与者和决定者。体育教学活动的主要目的和任务在于对学生展开体育"三基"教育，即关于体育知识、体育技术和体育技能的基础教育，将提升学生的体质、塑造学生的良好道德与坚定的意志品质作为目标，为学生终身体育服务。

二、高校体育教学过程

（一）教学过程的心理反应

从心理学的角度来看，体育教学的表现过程，也就是在教学过程中，人的内在心理表现与外在过程的统一。在教学中，体育教师要打破传统的教学模式，就要着重研究教材教法，在教学过程中遵循体育教学的内在特征，并持续对教学方法手段进行革新和完善，从而促使学生展现自身的内在潜能，使学生在身体、心理、和社会适应能力方面不断提高。

体育是一门综合性科学，每个环节都蕴藏着深奥的科学原理。人的任何有目的的活动都是心理支配的结果。体育教学是一种有明确目标的双边活动，因而师生的任何行为都必然是心理支配的结果。事实上，离开了师生心理活动的参与，就不会存在教学活动这一概念。但传统体育教学则往往会淡化乃至舍去这一方面，仅将重点放在对学生物质运动方面的研究，不注意学生心理活动，单纯塑造外在层面的表现，没有将学生的心理纳入考量范围。

（二）教学过程的统一

体育教学的过程应满足师生之间感情、气质、个性、个人能力等诸多因素的辩证统一，教学实践是按照不同学生的心理、生理和体质状况及特征，学生的个性化诉求安排的，要体现新颖的设计与独到的教学内容规划，为所有参与学习过程的学生创作和谐、轻松、愉悦的氛围，使学生在无意识中展开课堂互动，在尝试中体验实践成功的喜悦，从而一点点产生对体育课程的依恋和好感，产生对未来课程教学的真实期待。要实现这一点，就要求体育教师能够以科学的手段合理安排教学内容、方式和进程，以自身的爱心和情感调节课堂氛围，设计恰到好处的教学场景，让学生在学习中提升自主探究与思考问题的能力，为学生打造气氛高涨、活动积极、心境优良的学习环境，这样学生可以在无意识中担负运动的负荷，化解体育锻炼的艰苦，实现快乐教育，使"情"与"趣"在"动"中相辅相成。

我们可以看出，体育教学应实现的是外在与内在活动的统一，教和学的协调有机统一。以大学体育篮球课中的单手肩上投篮技术这一学习内容为实例，教师按照惯例，要在讲解基本动作要领后为学生示范 3~5 遍规范动作，之后让学生自主思考，内容包括"为什么需要先双脚蹬地""为什么投篮时上伸前臂""为什么出手后的球应划出一定的弧度""为什么迎前接球是接球要领"等，从而有效提醒学生合理的投篮用力方法、抛球角度等注意因素。再或者"立定跳远"教学，体育教师可以先以青蛙的跳跃为例，让学生展开想象，也可以用玩具青蛙作为实际参考，让学生观察其跳跃方式和技巧，这些方式都可以引导学生的积极练习模仿，并让学生在学习过程中较快地掌握合格的动作要领。

三、高校教学环境

（一）概念

体育教学环境这一概念结合了其活动所必备的多种客观条件和力量，并有广义和狭义之分。前者涉及的内容有国家和社会范围内的体育政策与制度、社会上的体育文化氛围取向、国家的体育科技综合水平情况、个人层面的家庭条件、社区体育条件等因素。后者则专指学校的体育教学环境，其中包括校园体育教学及其管理制度、校园运动教学场地条件、运动锻炼设施与器材情况、专业体育课堂和课余时间的体育活动等。本文主要叙述的是狭义体育教学环境。这一概念指向特定的环境区域（包括校园内外周边）、环境主体（校内全体人员）、环境内涵（包括环境的规范性、教育性和文化性）。它的产生基础是学校一定的教学目的（提升学生体质、培养专门的运动人才）和需要（为满足学生课堂上的体育学习和课余时间的娱乐诉求）。体育教学环境有三个主要组成部分，制度环境、物质环境和心理环境。

（二）体育教学环境与教学质量

1. 学生方面的影响

（1）提升学生在体育领域的理解认知。良好的体育教学环境可以实现体育形式的多样化表现，包括体育要求规范、体育场馆条件、体育教学的课堂氛围等，有助于改变学生关于体育锻炼的固有错误观念，提升其在体育运动领域的认知与自我思考。

（2）为学生提供有力的学习动机。体育教学的主要环境是校园，这一点突出了师生之间和学生之间互动的重要性，环境的建设目标应以学生实际的体育锻炼需求为准，并使学生在轻松、愉悦的心理状态下展开体育活动，从而获得更有力的学习动机，在体育锻炼和学习中展示更多积极性和主动性。

（3）维护学生身心健康。当今社会环境下，学生的身心健康是体育教学要采取的重要标准和要达成的主要目的。良好的体育教学环境有助于确保学生锻炼环境的安全；确保学生心理放松、心情舒畅愉悦，从心理源头上减免运动损伤，预防心理疾病。

（4）提升学生运动技能水准。体育教学环境要将校园体育竞赛、课余体育活动和学生间自发组建的体育俱乐部结合建设，为学生进行良好有效的体育运动创造机会和平台，在这一过程中提升其运动水平、运动成绩。

2. 教师层面的影响

（1）目的性和计划性。体育教师的教学过程应在合适的体育教学环境中获得思想指导、行动纲领，实现目的性和计划性更强的教育活动。

（2）教学热情。体育教师的工作热情能在良好的体育教学环境中被充分激发，并得到有效支持（比如教材支持、教学器材和场地支持），这样有助于减轻体育教师的任务压力，充分发挥其教学热情。

（3）提升教学水平。在体育教学环境创新化发展（比如采用网络技术、信息技术等）的前提下，体育教师要持续获取新鲜知识和新式教学方法，在积极的心态中开展教育革新，并在这一过程中提高自身教学能力。

（4）提升体育教师的人文素养。良好的体育教学环境是提高体育教师文化素养的重要因素。合格的体育教师不仅应有过硬的体育专业知识素养，还要具备足够的管理学、心理学、建筑学、美学、法学等基本知识，这一点能进一步提升体育教师的责任感和使命感，使体育教师形成正确的价值取向，也有助于帮助学生拓宽知识面。

第三节 高校体育教学中师生的基本素养

一、教师素养

（一）提高教师的教学素养

我国有一句古训"师者，所以传道授业解惑也。"可见教师自古以来就被赋予了传授学业、解惑答疑的重要任务。教师所需的首要素养是师德素质，此外就是要具有足够的教育教学水平。高等教育旨在培养能够体现创新精神、进行创新实践的专项高级人才，高校教师的主要责任也是培养专门的人才，这是由全面提升科技文化、推进社会主义现代化建设的高等教育任务决定的。教师因教授学科的不同而彼此间存在职能差别。体育学科的特点决定了高校体育教师的主要责任：开展体育科研工作、培育体育人才、为社会提供服务。为社会提供体育领域的专业人才是体育教师最为重要的责任。在先前的研究中，对教师掌握学科内容的程度、教学实践能力、课堂建构能力和教育反思能力的研究频率都比较高。体育教师的课程设计、具体实践、课堂监控和教学评价都不同于其他的学科。

（二）提升教师专业素养

教师准确传达知识和技能的前提在于其自身足够的学科素养，体育学科的教师也不例外。体育学科专业素养是术科教师能力特征的集中展示。

要了解体育学科专业素养相关的内容，首先应了解体育素养的具体定义和相关概念。国外学者对其的定义是人类个体在其人生历程中保持一定水平的人体活动的动机和相关信息、人体活动的具体能力、理解力和学识。我国一部分学者将体育素养分为体育技能、体育知识、体育品德和体育个性四个方面。还有学者将其简单地分为身体和精神两个方面，身体即体质和运动能力，精神指体育品德、竞技意识等观念和品质。当前体育教学领域内对体育素养的要求大部分在于要求学生具备一定体育技能、知识、品德和理念。体育教师自身兼合这些体育素养才能担负教师的责任，将这些方面的能力传授给学生。体育教师不仅应有充实的个人素养，还应该懂得与时俱进，身体素质和专业能力都要达到足够的水平，这样才能为学生提供合格的运动示范和专业的体育指导，还要能够及时为学生指出并纠正错误的能力，现阶段我国的体育教师还应当在教学中彰显一定的体育精神，为体育文化的传承发扬做出贡献。

（三）提升师德

中华民族在中国悠久的历史进程中积淀了深厚的文化，中国学生在学习中核心素养的培养要体现民族性原则，教师的核心素养也应以本民族的文化传统、历史土壤作为根基。中国历代的传统文化都将道德放在极高的地位。"士有百行，以德为首""德不孤，必有邻""先义而后利者荣，先利而后义者辱"。这些古训无一不彰显着道德对于个人和国家社会的重要价值。教师肩负着教书育人的责任，其行为标准是"为人师表"，教师个人的道德水平对教学整体至关重要。"其身正，不令而行；其身不正，虽令不从""身教重于言传""爱人者，人恒爱之；敬人者，人恒敬之""以仁存心，以礼存心"。这些都是古人对于师德的表述。从春秋战国时期的诸子百家到秦汉隋唐时期的师风师德，以及宋明时期的教育家朱熹、王守仁，"德"始终是中国教育的首要标准，中国古代对教师的要求是关爱学生，尊重教育，为教育奉献自我，也宣扬平等公正的师生关系，认为合格的教师要首先将学生塑造成德行优良的人。综上所述，师德可以说是教师的首要素养，是其他各种素养的价值基础。体育教师受到具体教学内容的影响，其教学环境不同于其他教师，以户外教学为主，处在相对开放的环境之中，受外界因素的影响较大，有时甚至要面临恶劣天气和环境的挑战，因此，在这些前提下，体育教师吃苦耐劳、坚守职责的素养显得更加重要。

（四）加强信息素养

1. 教师的信息化素养

信息素养这一概念最早是由美国信息产业学会主席保罗·泽考斯基（Paul Zurkowski）提出的，他对信息素养的定义是"通过训练，掌握信息工具，获取相关信息，解决实际问题的能力"[1]。后续的专家学者对这一定义进行了一系列的完善和补充，认为教师的信息化素养不仅包括对信息技术的熟练掌握，并具备利用、改造和传递信息的能力，还应该在信息化时代了解如何培养学生的独立自主学习能力。高校体育信息化教学不仅要求教师引导学生正确使用信息化技术，获得实用合理的知识和技巧，还要在信息化教学中保障学生健康全面的身心发展，在未来能够快速适应社会的需要。

2. 加强信息素养的必要性

（1）教师职业前途

信息化的推进和普及使教师的职业要求对信息技术的依托越来越强。信息技术不仅是教师拓宽教学范围、深挖各类教育资源、有效指导学生体育运动的途径，还能使学生掌握更多人体健康方面的知识，协助学生掌握自主学习的能力，推进学生全面发展的历程。体育教师合理结合学科专业知识和信息技术能有效帮助学生提升知识储备，革新教育观念，促进思维判断、研究能力和科研水平的提升。

（2）教学能力的需要

信息技术提供的充足资源在合理的利用下能极大地提高教师的教学效果。教师可以在课前以信息技术手段将采集的信息资料应用在教学设计中，这些资料包括图片、视频等，能够起到增强课堂灵活性和学生学习兴趣的作用。在课堂上，信息化技术可以丰富教学的方式和内容，如视频、录像等资料可以给予学生更准确的技术动作指导，强节奏音乐或流行舞蹈可以作为课前热身的方式，这些方式

---

① 保罗·泽考斯基，李淑媛，刘千卉，等.行动素养：信息时代民众迈向成功的关键[J].图书情报知识，2015，（5）：4-10.

都有助于提升学生的课堂热情和积极性。课下，教师可以在信息平台上实现同学生的远程指导、交流与互动，达到巩固教学成果的目的。

（3）学校工作需求

信息化技术可以有效协助学校体育工作的进行。学校各类体育活动的宣发、准备、安排、协调、存档等环节中都可以借助信息技术实现工作效率的全面提升。信息技术和数据共享技术也可以作为追踪监测学生体质健康数据、记录评估学生体质健康程度的重要手段，不仅节省了人力统计的成本，大大提升了工作效率，还可以对学生的科学锻炼进行合理指导。

（4）终身学习需求

信息化教学是体育教师获取更丰富的知识资源、更新知识储备的有效途径。对其进行科学的利用可以协助体育教师实现对传统教育模式和教育理念的革新，并提升自己综合教育能力，从而推进教学领域更大范围的创新改革，激励师生主动展开更深入的教学研究探索，全面提升教师的教育能力、研究能力、实操能力等。

（五）提高教师的研究素养

在传统的观点中，教师担任的始终是"传道、授业、解惑"的重任。而在时代的变迁中，教师这一社会角色和社会职责被给予了更多层面的意义，兼具学习者和研究者双重身份。人们开始愈发关注并认同"教师即研究者""反思的实践者"等理念，许多高校教师也同样肩负着科研方面的职责，这其中当然也包括体育教师。体育教师能够展开研究的学术范围包含术科教学、具体体育项目、运动内容的选材、体育领域的文化和产业等，既囊括了体育学科内的基本研究方向，还加入了对重要的现实学术问题的探讨、研究及应用。

一个人的素养涵盖了其能力、感情、态度和价值观等多个方面，而体育教师的专业素养指的则是其在体育这一学科领域内的认识、学问、能力和价值观等学术方面。这当中研究知识、学术能力是相对较为容易理解的内容，一般的内容设计合理的研究方式、学术思维和研究设计的能力等。其中的研究伦理指的是学者对于科学研究要采取的道德准则，具体而言包括对其他研究人员和其研究成果的尊重，坚决抵制和打击剽窃抄袭、弄虚作假等行为，将研究过程明确告知研究的对象等方面。

（六）提高教师的合作与交流素养

沟通交流是一项最为基本的人类生存生活技能，但这也是教学领域内极其重要的素质，可以说，沟通与交流会出现在教育工作的每个方面。第一点，教师以学生这一主题作为教学对象展开自己的授课任务，而体育教师的授课方式不同于其他学科，不仅包括理论方面的教授，更突出的方面是对学生进行室外环境中的技术动作教授。这一过程的主要内容就是针对学生的技术性动作指导，以及一对一的示范和调整，从这个方面来讲，体育教师会与学生进行多于其他学科的沟通交流。其次，高校大学生处在十分特别的年龄阶段，属于已经成年的学生，因此与大学生进行沟通交流比较讲究方式和方法，要采用合适的方式才能和学生建立起健康的沟通关系。最后一点，教师之间也应有相互帮助和依存的关系。这一点是由教育事业的集体性质决定的。科学知识和技能类课程的传授过程都不能只依靠单独的教师个体的独立教学行为。另外，教师个人的教学能力终归有限，当下许多高校都采用组建科研团队的方式开展科研工作，因此如何在团队工作中与同事和领导展开团结有效的合作就成为重中之重。再者，普通教师和领导的主要职责、在高校教育活动中置于的位置都不同，因此各自看待和解决问题的方式角度也存在区别，合理高效的沟通自然成了减少和避免不必要矛盾的必要途径。综合上述内容，可以统称与学生、同事和领导交流合作的素养为合作与交流素养。

（七）自主发展与创新素养

21世纪是信息和知识大爆炸的时代。知识在飞速积累叠加、更新换代，教师只以自身在受教育时所掌握的信息和能力难以应对未来工作会面对的变化。因此要持续学习，紧紧追随时代的节奏，实现终身学习。这是信息时代教育的一大特点，欧盟组织就曾强调过终身学习的重要性。体育课程主要是一门技能教学课程，体育教师在保持和提升自身运动能力的同时，还应准确把握最新鲜的体育领域学科内容，为此要进行持续的学习积累。此外，教师专业发展理论对教师的专业前景提出了主体自主性、阶段性、终生性三个重要要求。这表示教师自身的学习必须是出于自愿的行为，内因驱动是造就良性发展的决定性因素，因此体育教师务必拥有自主发展的素养。

有些专家提出了将"自主发展素养"改为"自主发展与创新意识"的理论要

求，因为创新既是学生自身学习发展的要求，也是信息时代下教师的必要素养。国家领导人曾表示，创新是一个民族进步发展的灵魂和国家保持发达兴旺的永恒动力。当今时代下每个行业都在强调创新的意义，体育教师也要紧跟时代的脚步，具备足够的创新素养。这种素养主要展现在教学和科研方面，如让学生为自己拍摄运动视频并加以分析、给学生展示世界冠军的比赛视频以增强其学习的动力和热情、在课堂上应用运动生物力学仪器为学生剖析体育动作要领等方式都属于教学上的创新，也可以将体育与其他学科进行结合来达到视角和方式创新的目的。

二、学生素养

（一）学生应具备的基础素养

1. 态度端正

在体育课上，高校学生要对体育课程持有正确的态度，要充分认识到体育课程的重要性，要用心去学习体育运动、体会体育精神，在不断体育学习和体育锻炼中让自己身体越来越健康，为我国体育强国建设奉献自己的一分力量。

2. 身心健康

高校学生因性别差异而存在身体素质差异，男生的体质优势一般体现在力量、速度等方面，女生的体质优势则主要是身体的灵敏度、柔韧度等。高校学生接近身体素质的顶峰时期，固有的体质增长速度并不突出，而且会随着年龄增长逐渐减缓、退后。身体素质本身的高低是由学生自身的身体机能决定的。一般来说男生的日常运动量和运动强度更大，身体更加结实；女生身体重心低于男生，平衡能力更强，适合做一些考验平衡能力、动作优美的运动。高校学生对身体机能锻炼的积极参与是维持和提升身体素质的关键。

在体育课程学习中，学生还要具备良好的心态。精神低沉、心理压抑、性格恶劣的人无法十分有效地进行体育锻炼，因此日常的体育课程和体育锻炼要重视对学生健康向上的心态的培养，让学生踏实地处理学习中的情况，这样才能持续提升综合素质。

3. 文化底蕴

在对体育运动进行深入接触学习时，高校学生要充分了解该项体育运动产生的背景和年代，体会该项体育运动的精神内涵。同时，我国体育文化历史悠久，也要在体育学习中，不断地丰富体育文化知识，充实自己，发扬和传播我国体育文化。

4.体育知识

我国高校学生经过小初高的体育学习，已经有了一定的体育知识，但是由于目前，小初高的教育多重视文化课程的学习，对于体育知识的学习较为匮乏，因此，学生在进入高校校园之后，要多多积累体育知识，同时学习和掌握足够的体育知识。

（二）培养学生的团队精神

1.具体体现

团队精神是在集体活动中形成的，是一种十分重要的体育精神，良好团队精神的培养有助于学生更加深入地投入体育活动中，从中体验更充足的参与体验，为自身创造精神支撑等有利条件。团队精神主要表现为以下两种形式。

（1）团结互助

这一行为方式在体育教学中的表现尤为突出，教师会在很大程度上依此判定和评价团队乃至学生个体团队精神的表现情况。

（2）个人与团队利益的取舍问题

在个人利益与团队利益有冲突时，团队精神可以协助当事人作出合理的选择。每个学生都是班级当中独立的个体，班级则是由学生集合而成的整体。按照马克思主义的历史唯物主义和辩证唯物主义，部分应服务并服从于整体。因此在实际的体育课程教学中学生也应当服务并服从于作为整体的班级。在个人利益与班级利益有所矛盾时，学生要清楚地在两方利益之间作出权衡，理性思考，合理选择，团队精神在这一过程中对学生的思维和行为方式都产生着指导性作用。

2.培养方式

（1）构建团队精神

校园作为一个稳定的环境承载着在这个环境中作为个体的学生，学生在校园内的日常行为举止会明显受到校园风气的影响和熏陶。基于这一事实，目前各大高校都会将建设良好的校园文化和班级文化作为学校建设的重要任务。在塑造学生的团队精神时，教师要按照教学目标的特征提出与之相符的团队精神和理念，用文化环境来实现学生思维方式的变化。

教师可以在团队精神文化的建设中就团队精神的具体概念作出更详细的阐述，让学生群体对其充分落实。一方面可以将团队精神文化表述为"互助、共进、奉献、大局观"，教师在课前带领学生重温这一口号，甚至将其作为学生的跑操口号。将团队精神和相关文化建设渗透到学生的日常之中，有效地引导和塑造学生的思维与价值观。另一方面，团队精神文化可以以灵活多样的方式进行建设，教师可以通过社会实践活动或其他要求团队协作的活动培养班级内的团队精神，塑造团结协作的文化氛围。

（2）教学行为中的团队意识

可以通过对客观环境的改造来打造团队精神的文化，进而增强学生的团队意识，以环境对处在其中的个体的影响来培养和熏陶学生的团队意识，这是对外力因素的利用。教师应当将团队意识体现在具体的教学措施中，在日常的授课行为中贯彻和落实团队精神，对学生的团队意识形成直接的引导。

（3）教师的模范带头作用

教师作为教学环节中的引领角色，其模范带头作用在团队精神的培养中也十分重要，教师的言行影响着学生的思维认知的形成和变化。因此，教师可以以身作则的方式来塑造学生的团队精神，在班级和教学中充分发挥模范带头作用，向学生展示榜样作用。教师和学生都是班级这一集体的组成部分，这一点在体育教学中表现为教师和学生共同构成一个团队并各自扮演不同的角色，因此，团队精神是教师必备的教学素质之一，教师要有主动维护团队利益的自觉。比如教师可以在安排选择课程教学内容时广泛深入地了解学生的相关意见，再按照少数服从多数的原则进行具体的编排，对教学计划做出相应的调整，彰显教师重视和维护全体学生的集体利益的团队意识，在学生和班级之间展示高大积极的榜样作用，从而更深入地加强学生之间的团队精神。另外，教师还应在日常的校园生活中对具体的每一名学生体现关怀和鼓励，使全体学生感受到团队的温暖和归属。

（三）培养学生的体能素质

1. 相关概念

（1）体能

体能这个词在专业的研究范围内有着不同的定义，体能紧密联系着人体器官的运转，兼具判定和评估指标和承担人体器官系统功效的作用。一般来讲，体能分为综合体能和基本体能两种，是对一个人身体素质的反映。当下国内外领域内的学者对体能的普遍定义是：人体器官和人体结构在日常运动和体能训练中能够展现的能力。按此定义，学生的体能即学生在日常的学习生活和体育锻炼过程中显示的身体能力。高校大学生展开体能训练的根本要义是维护学生的身心健康，专业院校的体能训练则突出运动的竞技性和实用性。二者都以体能训练的方式来提升学生的身体机能和综合素质。

（2）体能素质

体能素质的定义是人体机体最原初和基础的运动能力，对其的具体要求因运动项目内容的区别也各不相同，它不仅是评估一个人体质状况的标准，还是对人体各种器官、系统和机能的运作状况和健康状况的准确反映，这就是所谓的身体素质。大学生是未来国家建设的主体力量，社会责任重大，其身体素质的健康与否直接联系着国家未来的发展前景。我国经济正处在发展势头迅猛的阶段，人们的物质生活水平也随之大幅度提升，但这并不代表大学生的体能素质有所提升，相反，根据相关研究，高校大学生的平均身体素质呈现弱化的趋势，这就要求高校的体育训练充分体现以学生为本的原则，将大学生的体能素质作为重点培养对象。在学生身体成长的关键时期充分提高学生的体能素质，并培养学生的终身体育意识。

2. 影响因素

（1）不合理的生活习惯

高校大学生的自主安排时间十分充足，这可能导致大学生的自我约束能力缺失，在大学生活中失去规律的生活作息，并形成暴饮暴食、不用早餐等恶习，还有学生晚睡晚起，为追求骨感的身材盲目减肥，这些都是高校大学生间常见的不良生活习惯，是削弱大学生体能素质的重要因素。此外，大学生自身对体育锻炼热情、自主锻炼意识的缺失也是一个方面。

（2）对锻炼重视程度的欠缺

我国的传统教育理念过于重视智力培养而忽视了体能教育，导致相当长的时间内相关工作规范性的缺失，阻碍了高校体育训练的顺利进行。另外，高校体育课程的主导内容多是跑步、跳跃等体育技能，极其缺乏能够培养学生体能素质的锻炼项目。众多进行体育训练的大学生并没有真正掌握规范的训练方式，只是单纯地模仿教师和同学，以及相关教学视频，没有在系统合理的体育锻炼指导下体会训练的正确方式和深层乐趣，甚至可能因为不当的运动方式和训练方式而发生运动事故，消磨大学生对于体育训练的自信和热情。

（3）设施落后

高校大学生体育锻炼的短缺会导致自身身体素质落后，而高校中不合理的体育资源管理、陈旧短缺的体育设备都会影响和约束学生的正常体育锻炼。我国社会的长期稳定发展大大增加了在校大学生的总数，但高校的体育设施存量并没有跟上学生增长的数目，从而无从满足学生在体育锻炼方面的需求量。此外，高校体育设施的破损、短缺都是影响学生体育参与热情的因素，严重时甚至会导致学生遭受运动损伤，对大学生整体体能素质的培养十分不利。

（4）训练方式较单一

目前我国高校体育仍采取学生按照个人需求和喜好自主选课的模式。这类自主选择的模式可以一定程度地提升学生参与体育锻炼的主动性和热情，但这也会导致许多学生选择标准和运动强度较低、考核难度小的科目，运动强度大、能够有效训练体质的田径类项目并不受欢迎，另外，体育教师的课堂训练方式也比较简单直接单一，并不能起到根本上提升学生综合素养的作用。

（5）认知缺乏

认知的全面准确与否关系着事物的良好发展，人们会在自身认知的驱动下接受发自自身的影响，在积极向上的心态中发展。但目前大学生被传统的训练模式影响，主观或潜意识中将体育训练视为一项艰辛困苦的挑战。加之高校体能训练的类型繁多，运动强度不容小视，会使锻炼者在运动结束后感到疲劳，这些因素都会影响学生的心理，不利于收获正面的体能训练效果。

（四）创新能力

1. 重要性

（1）增强学生对体育锻炼的兴趣。传统体育教学模式下，学生占被动地位，仅在教师指导下被动地锻炼、学习，这样的体育锻炼比较机械，难以提升学生的兴趣。基于这一现状，教师和学生应就体育教学中的创新实践，围绕教学内容、教学方式、运动器材等方面深入沟通，避免教学过程的机械性，提高学生的课堂地位，从而提升其参与积极性和兴趣。

（2）促进沟通，增强合作。创新不是单独的个人闭门造车的过程，而是全体成员集思广益、发挥想象，最终共同提出创新方案的过程。大学生要在创新实践中积极地沟通合作，共同实践，落实探讨结果，这样做可以有效增强大学生之间的合作意识和能力。为未来的就业、创业提供参考价值。

（3）融汇不同科目知识。高校体育教育的培养目标是有思想、有道德、有能力、有创新的全面人才。创新活动应当适当结合高校教学其他知识，例如文史知识、生物知识等，保证大学生的全面多方位发展。

2. 现状

（1）高校给予创新能力培养的重视不足。大学体育教学不同于高中，不涉及考试的压力，因此所受的重视程度也不高。一方面，高校体育考核中缺少针对创新能力的评判指标，绩效考核的缺失使教师并不重视创新能力的培养，高校也没有创造合适的环境，乃至缺乏运动器材、体育活动类型短缺、体育氛围不佳、学生竞争意识薄弱；另一方面，高校体育组没有创新能力培养方面专业性的座谈会或交流会等，即使有些体育教研组基于校方的要求对此展开分析讨论，也难以得出可以投入实用的成果。

（2）体育教师创新培养能力的短缺。传统的教师往往只重视体育技能的水平，对学生创新意识的培养并不十分关注。体育活动、课程内容、教学器材、教学方式的创新也只能借助教师自身的尝试，无法接纳学生的观点和力量，教师做出的创新尝试不一定会被学生接纳，形成体育教学创新中的尴尬局面。曾有足球课教师在教学中融入"翻转课堂"等创新型手段，但并未收到实质上的改良效果，课堂中原本为学生自主实践预留的时间成为空闲时间，难以开展受监督的实践活动，教学效率并不充足。

（3）物质基础的缺乏。这一情况的导致因素除了高校对体育教学重视程度的缺乏之外，还同经济水平、资源分配存在关系。一些经济发展相对落后的地区，如我国东南部地区和西部地区，不具备经济发达地区的条件。后者往往可以在地区内的大学中设置专门的体育馆，而前者一般只具备一些基础设施，专项的体育训练设备比较匮乏。这一点就会极大影响到体育教学中大学生的创新能力锻炼。另一方面，同一地区的不同高校也会因相关资源部门不合理的资源分配而掌握不均衡的体育教学资源。各地的重点大学和普通大学之间就明显体现了这种差距，资源部门往往会将更加优质的资源分配给重点大学，将剩余和淘汰的资源分配给普通大学的体育馆。

（4）体育教学尚未明确学生创新能力培养的方式。其主要原因在于教师无法准确把握体育教学中值得培养创新意识的环节，也不了解具体的培养策略。例如一部分教师过于倾向人文体育，在课堂上放任学生采取各种运动方式，采用所有的健身器材和体育器材进行锻炼，这样容易导致课堂纪律的涣散，学生自由散漫，缺乏课堂本应具有的严格规范气氛和竞争气氛。

（五）信息素养的培养

当今时代是信息的时代，互联网科技正义不可阻挡的势头高速发展，因此体育教师也应当借助互联网增加自身教育储备、提升自身知识素养。在互联网平台上随时随地获得新鲜知识，提升知识的积累速度和转化速度，对课堂内容进行革新，在教学中体现信息感。因此，学生也要不断提高自身的信息素养。

目前，大学生对体育教学的认识往往依然停留在"教授—范例—实操—纠错"的固有模式下，还未将体育课程、运动锻炼同互联网技术进行有意识的结合。智能手机、笔记本电脑、平板电脑和运动手环等信息技术设备都可以作为达成更加优质的体育教学目标的手段，可以在教学过程中引导学生合理地应用，教师也可以借助信息设备全面了解、准确掌握学生的动向和需求，以进一步实现学生在体育教育中的主体地位。合理应用信息技术，突出学生对互联网技术的认识和应用意识，有利于优化学习效果。

第二章　高校体育教学体系

本章主要从四方面讲述了高校体育教学体系，分别为高校体育教学理念、高校体育教学方法、高校体育教学课程、高校体育教学评价。

第一节　高校体育教学理念

一、终生体育理念

（一）定义

终身体育，顾名思义，意为一个人毕生都会接受体育教育、进行身体锻炼。它包括两个方面的含义：一是一个人终其一生都始终进行学习、参加体育锻炼，体现终身的明确目的，将体育作为人生中无法断绝的重要方面；二是将体育锻炼体系化、整体化，使个人在人生的不同阶段和不同生活环境中都能拥有进行体育实践的机会。

（二）内涵

1. 向学生传递和教授知识

终身体育思想结合了知、情、意、行四个方面的内容，是对原有体育教育理论和教学实践的重新审视判断。在学生个体层面应重视缄默知识的传授，不能一味地将教师作为知识的权威，也不能让学生在课前毫无认知准备，教学不是单纯的知识传授，而是教师指引学生在已有认知和经验的基础上就动作练习展开认识和理解，有意识地处理新接受的知识，这就是知识的内化过程。体育教学的教学结果与其他学科不同，它在某种程度上是学生对知识和技术进行内在的融合和利用所学对自身进行改造的过程。应该说，所有技能学习的关键都在于个人的体验。教师可以在教学中科学并直白地解释传授运动技术和规范动作，但体育技能中具体诀窍只能由学生在自主的练习中体会、总结和保持，这就是所谓的"只可意会、不可言传"。体育知识属于无法直接传授的知识类型，即所谓的缄默知识。体育的实际教学中除了体育方面的理论知识、具体运动技术和技巧、实战战术、运动规则等显性知识，还包括一系列缄默知识，具体可以分为体育技能、动作要领、运动知觉、临场经验和人际交往等。综前所述，终身体育思想十分重视缄默知识的掌握，不同于客观的教育观念，是对知识与技术的取得形式的再次思考。这一点对于教学实践及教学改革深化具有深远的现实意义。

2. 打破体育教学空间的限制

终身体育是一种生活方式，会受到个人的知识、技术、策略、兴趣、习惯等多个方面的影响和制约。使体育成为学生终身行为的过程不是一蹴而就的。传统的课堂教学用一致的内容进度与所有学生的个性发展和潜力发掘之间存在矛盾；教材的固定信息与社会范围内技术的动态发展也存在矛盾；因此有限的课时学习对生活方式的影响过程是缓慢有限的；课余时间的体育运动与学生个人生活的交际也并不充足。上述现象足以证明现有体育教学模式并不符合终身体育的要求。所以高校应当将教学视野从课堂和教材的范围内拓展出来，实现课内外的一体化进程，尽可能拓展教学范围，使学生在更宽泛的知识领域中寻求知识、提升自我，在课下通过体育场、图书馆、互联网等多种环境展开学习，将体育运动完全融入自己的生活。

3. 学生全面发展的价值追求和目标

学校体育教学的核心目标争议在于培养全面发展的学生还是片面发展的学生，这一区分也是终身体育指导思想和传统学校体育思想的根本区别。我国现阶段的主要体育教学指导思想包括技能教育思想、体质教育思想、健康第一思想、快乐体育思想、素质教育思想和终身体育思想。其中终身体育思想将体育方面的基本知识、技术的习得和掌握作为主要手段，将快乐学习作为教学方法，在教学中融入积极的情感渗透，最终实现保障健康、增强体质、引导学生自主体育锻炼，培养学生相关的认识、习惯和兴趣，以期全面提升学生的综合素质。这一理念反映了学生的运动水平、自身需要、社会关系及个性自由的全面发展。

终身体育理念将个体作为出发点，对未来发展集中眼光，因此堪称一类跨世纪的体育思想。它的本质是将体育变成个人的生活和存在方式。对此，学校体育教育的功能性认识必须提升到相应的高度，即展现足够的延展功能，在解决体育教育本身问题的同时，着眼于家庭和社会体育领域。终身体育理念是针对体育教学的新式要求——真正成为教育活动的重要环节，成为学校体育教学中至关重要的、决定性意义明显的一部分，要以终身体育为目标进行深化改革，将学生的全面发展放在出发点的战略位置，引导学生培养终身体育能力和学生内在锻炼动机的展现，将学生的自我教育能力作为一项教育原则，促使学生养成自主锻炼的能力，使体育教育在更宽广的目标指引下由追求阶段性效益的性质转向追求长远性效益的方向发展，上述目标主要体现在六个方面：①提升体质；②）掌握必要基础知识技术和技能；③培养兴趣；④树立终身体育意识；⑤培养终身体育的能力；⑥养成终身体育的习惯。

（三）特点

1.持续性

终身体育顾名思义，指的是个体长时间保持关于体育锻炼的热情与习惯，使体育锻炼成为自己人生的固定组成，使体育完全融入生活，借助体育锻炼实现个人的发展进步。区别于传统体育教学理念，终身体育理念受体育形式和锻炼时间的约束并不明显，其依据主要是个人的兴趣。

2.多样化

终身体育理念推崇的是不被体育形式和刻板标准限制的个体化锻炼，体育运动具体内容的选择标准主要是个人的兴趣取向和固有体质特点。这样做有助于不同的个体在同一时间段根据各自的兴趣需求选择适合自己的锻炼方式，从而在个体练习中找到兼顾团体性要求和具有自主特色的锻炼方式。此外，每个人在自己人生的不同阶段都可以按照自身的体质变化和兴趣取向决定与自身年龄段相符的体育锻炼方式，在实现个体锻炼的同时增强自身的心理素质，达到终身体育锻炼的目标。

3.目的清晰

终身体育拥有着清晰的发展目标——使群众在长期有规律的运动锻炼中实现自身身体素质的提升，具体的锻炼项目根据个人的发展目标有计划地进行调整，实现个人体育水平和生活水平的稳步提升。

4. 高参与度

终身体育的成就不局限于单独的个体，要借助广泛的宣传提高群众的参与度，使全体社会成员积极参与到运动的过程中来。在大体量的体育锻炼之余按照每个人不同的身体素质和体育水准采用合适的基础性运动，在个人运动水平的提升的过程中一点点引入运动量更大、标准更高的项目。终身体育思想紧密联系着全民健身运动，为大众体育教育提供了重要的理论基础。

（四）具体用途和意义

1. 高校体育教学多样化发展

高校体育教学在终身体育思想提出前始终采取相对单一枯燥的教学方式。在这一思想提出后，各大高校为达到其指定的目标，开始在体育课程标准和课程大纲的基础上开发、总结出层出不穷的新式体育项目和方式，学生可以在其中自主选择适合自身的项目，并展开主动性较强的学习，在这一过程中增加自身对体育学习的兴趣与热情并加以维持，这一点是学生终身体育意识和习惯的培养开端。

2. 帮助学生认识到体育的重要性

大学体育教学对终身体育思想的采纳是加强大学生对体育锻炼重要性认识的重要环节，有助于学生优良锻炼习惯的养成。高校是个人接受教育的定点，而高校体育教育则是终身体育形成的关键环节。大多数学生会在离开高校校园后进入社会参与工作实践。因此作为学生步入社会前的最后人生阶段，高校的体育教学是学生养成终身体育意识和习惯的关键一环，对于今后的人生发展和健康至关重要。如果高校体育教师能够使学生培养合理稳定的终身体育意识和习惯，就可以保证学生在毕业后保持自己的体育锻炼方式，坚持采取科学合理的方法展开计划性明显的锻炼。但学生如果未能在高校期间养成终身体育锻炼的习惯和意识，就大概率会在毕业之后迫于工作压力等因素而放弃体育锻炼，这并无益于其身心的健康发展。终身体育思想关系着学生的健康教育、技能教育等多个素质教育的方面，在高校体育教学中至关重要，会对学生产生持续深远的影响。

3. 促进目标提升

在终身体育教学思想出现之前，高校的体育教学目标时间期限十分明显，仅局限在大学教育期间，目标指向及对学生能够形成的影响十分有限。终身体育理念在大学体育教学中的融入可以很大程度上促进体育教学的革新完善，有助于学生以更高效的学习方法掌握体育教学内容，以适应时代的具体需要。终身体育教学思想为高校体育教学指出了更加明确的目标，即对学生终身体育锻炼意识的培养和塑造，借助这一意识有效提升学生的身体素质和生活水平。

（五）实施策略

1.加强终身体育锻炼项目

体育锻炼在个人生活中表现为每个人自主选择的、适应自身情况且能够促进身心健康的生活和学习及工作方式，包括体育锻炼的具体方式。中国学生所接受的体育教育一直从小学持续到大学，长达十几年之久，但大学生并不是一定能在走出校门、进入社会之后仍保持原先的体育锻炼习惯。造成这种现状的原因也有着多方面的来源，这在一定程度上可以映射出高校体育教学与学生实际情况的脱离。具体表现可以概括为教学内容的安排缺乏科学性和实用性，学生未能在高校学习期间实际掌握终身体育锻炼的知识和能力。另外，当下体育领域内项目内容众多，并不一定所有项目都适宜在学生工作后继续开展，还有一些项目的年龄限制十分严格。因此体育教学的具体内容和目标安排都应考虑实际的适应性和长期的锻炼价值，做到易学和易开展并重，学生在高校学习期间应实际掌握两门以上能够长期实践的体育项目，以实现未来的终身体育锻炼。

2.巩固终身体育锻炼项目

体育锻炼能力的培养过程本质是学生持续参与体育活动，并形成、巩固、提高相关理念。课外体育锻炼在这一过程中可以作为课堂体育内容的延伸补充，有助于巩固并提高课堂教学内容，能有效提高学生的学习兴趣、培养爱好、强化学生的自主健身锻炼意识和能力，养成终身体育锻炼的习惯。教师则应该结合体育知识和技巧的教授与体育锻炼固有习惯的养成，在课余时间借助多样化的年级间、班级间以及班级内部的体育竞赛，使课外体育锻炼也具备终身体育的特征，同时提升有效的终身体育锻炼机会，以协助学生增强体育锻炼的意识，提高体育活动能力。体育基础和身体素质较优秀的学生可以在这一过程中进一步提升身体素质，保持并提升运动水平；基础较薄弱、体质较弱的学生则可以在这一过程中锻炼运动自信，培养体育健身的参与积极性，确保课堂教学效果的保持和延伸。

3. 渗透终身体育思想

高等教育的定位是公共体育，这就意味着其要实现的并非阶段性目标而是长期性目标，体育教学的具体内容不仅有体育技能，还有体育相关的历史文化知识，教师应该在传授体育技能的同时使学生具备一定的体育精神和体育观念。终身体育思想的提出就是促进高校体育教学从目标、理念到教学安排和方法等展开革新的重大契机。传统的高校体育教学中，教师的教学目标一般是单纯地提升学生体育水平。随着新教育思想的渗透，传统的教学目标和方法发生了极大的变更。教师在教学过程中要以协助学生培养终身体育意识及习惯为教学目标。对此，教师应首先清楚系统地向学生说明终身体育思想的意义所在，比如向学生传达当今社会对人才的具体需求（也可以用身边人作为实例），使学生明确理解终身体育思想对个人和社会的重大意义，使学生自然而然地接受并萌生、培养这一理念。

4. 培养终身体育习惯

如果学生有终身体育意识的一定表现，教师就应对学生的这一意识展开有效的巩固和拓展。这种意识和习惯乃是终身体育教学思想的关键。高校体育教学中，教师的义务在于使学生培养合理的体育锻炼习惯，比如定期体育锻炼等，以及通过体育教学过程使学生掌握体育锻炼科学健康的方式。相关研究证实，人们培养固定习惯的普遍周期是 28 天，即人在将某一行为重复 28 天后，会将其作为自己的固定习惯。体育教师可以借助这一规律和学生自身的特点制定并实施有针对性的教学计划。比如，教师可以利用每天早晨的一段固定时间督促学生进行一些简易稳定锻炼内容（如晨跑），如果能确保学生坚持进行这项行为，就可以使学生养成稳定的体育锻炼习惯。不过在这一过程中，教师必须先指导学生培养科学合理的体育锻炼观念，掌握健康安全的方法。比如在慢跑之前进行适当的拉伸、热身运动，以避免学生在锻炼过程中受到不必要的运动损伤。

5. 加入终身体育思想考核

当前我国高校评判学生体育水平的标准比较单一，参考标准仅局限于体育考试成绩。但这并不是一种能全面客观地反映学生真实体育水平的考核标准，体育成绩的直接关联因素应当是学生本身的身体素质，其评价标准不可能是单一刻板的。自身体质较优秀强壮的学生应有较高、较严格的体育评价标准；相对地，体质较弱的学生不宜采用过于严格的高标准。每个人自身的体育潜能各不相同，教师应将学生在体育运动领域所能付出的最大努力和最高程度的进步作为教学目标，而非以统一刻板的要求针对全体学生。

体育评价系统也应基于终身体育教育思想做出合适的革新，如可以把终身体育思想和意识纳入高校的体育考核标准中，以引起学生足够的重视，促使其在拥有自主意识、针对性强的情况下培养终身体育思想，在学习过程中对其展开更深入的了解和接受，学生可以在这一前提下展开对科学的体育锻炼方法的学习，并获得合理的体育锻炼习惯，在科学的高校体育教学中提高自身综合体育水平，使体育锻炼和学习的益处长久保持。

6.终身体育思想的主要指导作用

高校体育教学观念中的一大重要改革就是终身体育思想，教师要重视终身体育思想在教学中的引入，熟知其对学生发展的重要意义以及具体的教学目标。终身体育思想的达成并非一个一蹴而就的过程，其间需要诸多教师的不懈努力和适当的多元性和趣味性在体育教学中的融入，旨在让学生真正培养出对体育锻炼的浓厚兴趣，并基于这一点培养学生终身体育锻炼的意识和习惯，使学生掌握体育锻炼的正确方法，在提升身体素质的同时尽量减免身体受到的运动损伤。

二、快乐体育理念

（一）概念

"快乐体育"一词最早出现在日本。日本在二战后经济高速发展，人们的精神需求日益增长，为了顺应当时日本社会全体成员的精神状态和社会的整体情况，学校体育教学的指导思想开始向注重趣味性的方向倾斜。日本教育学者对快乐体育的定义是在体育运动中体现运动自身固有的乐趣，并将其作为学生学习的具体内容和指导思想。借助体育运动创造的快乐体验使学生在潜移默化中接受体育锻炼，最终将其作为一种终身习惯和意识，使学生将体育锻炼作为真正幸福的事并予以长期坚持。在我国相关学术领域，快乐体育的内涵则是一种特殊的教学及其过程，同时也可以被理解为一种方法和口号。它落脚于教育情感，将学生的个性化发展作为学习前提，旨在培养学生的健全人格和健康强壮的体魄。快乐体育顾名思义，会让学生在运动学习的经过中感受体育的快乐并沉浸其中。

快乐体育理念作为体育教学指导上的一种理念，旨在令学生体会学校体育教学过程中的喜悦感、成就感，学生可以在运动中感受理解、参与、掌握和创新运动的乐趣所在。

（二）具体应用

1. 兴趣教学

教师可以结合高校体育教学创设相对应的教学情境，使学生在具体情境中理解技术要领和重难点，从而更快速有效地突破学习中遇到的困难，激发学习兴趣。此举的目的在于营造轻松欢乐的教学授课环境，具体方式可以表现为幽默的语言表达或生动的故事导入，以及通过抛出问题凝聚学生的精神，促使学生进行针对问题的独立思考。以跨栏跑教学为例，教师可以在课堂之前为学生做相关介绍，展示此一运动的起源，从而吸引学生的兴趣和注意，调动学生的活跃思维。另外，这一教学理念还包括为学生保留充足的课堂主动权，学生会在模仿中暴露自身的固有问题，教师可以在课堂观察中了解学生会犯的错误和存在的困扰，以更有针对性地进行解惑，加深学生对重难点的理解和掌握，将原本枯燥的体育教学内容变得更加容易理解和记忆。此外，教学活动的设置要结合学生的具体心理特征，采用趣味性强的方式，这样才能真正激发学生的学习热情和积极性。

2. 游戏教学

高校学生对当前体育教学模式缺乏兴趣和热情的主要原因之一是在其固有观念中，高校体育教学的方式和具体的教学活动内容缺少乐趣和吸引力，因此学生也没有完成相应活动任务的热情，甚至会因为运动和课程的枯燥而产生针对体育活动的排斥心理，将运动和学习看作高校生涯的负担，被畏难情绪所困扰，很难在体育实践中全身心投入，也不愿努力克服学习过程中遇到的障碍，屡屡产生放弃的念头，不在户外体育锻炼上花费过多时间。

针对学生对于体育学习的消极态度，教师应懂得适当地改变传统枯燥的教学模式和理念，使教学方式更加乐趣化、游戏化，在快乐教学中培养学生对于体育锻炼的兴趣。带有游戏性质的教学不仅是促进身体多部位运动的有效手段，还能增进高校运动形式的多样性，这也能够顺应高校学生的心理特征，能有效地提升高校学生的体质状况，在学生之间引发关于体育锻炼的讨论和实践，使学生在实践中大胆地展现自身独到的运动理念，激发对于体育活动的好奇和上进之心，以饱满的热情投身于运动中，培养团结友爱的品德，从而增强班集体的凝聚力。游戏教学受到学生群体喜爱的关键在于其趣味性和多样性，并有助于学生感受成功的喜悦和竞赛固有的魅力。

3. 激励学习热情

目前高校内普遍存在学生对体育锻炼缺少积极性和热情的现状，这些学生很难在体育活动中集中精神和兴趣。与此同时，教师中也有相当一部分受到传统模式下教学理念的约束，过于看重单纯的知识灌输而忽略了学生自主的知识吸纳过程，这样难以提升教学效率。一些教师尚未完全正确理解新课程的理念内涵，在课堂上一味进行放羊式松散管理，将课堂主动权完全放在学生处，这样不能使学生掌握和课堂所学知识相关方面的内容。

高校学生所需要的不仅是合格的技术，还有健康结实的体魄。对此，教师应清楚地认识并结合高校学生身心成长的自然规律，借助情感和语言等方式鼓励学生，使其在运动中感受精神上的满足。对于学生缺少运动及积极性的问题，教师也可以用激励性质的教学方法让学生逐渐参与到体育实践中。比如教师可以根据每个学生的不同个人情况制定相应的目标，通过目标激励的方法使学生在学习过程中体会成功的喜悦。

教师应该懂得如何构建激励性的教学环境，并在学生的学习空间中留出满足发展的余地，使学生自身可以合理有效地规划身体的发展。集体聚会、体育活动以及体育竞赛都可以成为激励学生的有效方式，教师应该用激励性教学的手段使学生培养合理高效的自主学习习惯。教师的激励是促使学生主动自我安排并实现快速、安静、整齐等标准的重要因素，学生在竞赛中获得的激励是其赢得信心、更好地展示自我的关键，也是提升课堂效率的有效途径。除此之外，教师的激励方法也应该体现多样性，充分激发学生的学习积极性，并强化师生、教材之间的联系，实现教学激励手段的多样性。

三、OBE 教育理念

（一）OBE 教育理念的概念

OBE 教育理念是 Outcome Based Education 的缩写，即成果导向教育，其理念内涵是将全体学生的成功作为课程发展的假设和前提，而这其中的"成果"指的是学生是否在一定时间的学习过程之后获得了相应的学业成就以及能够顺应未来可能出现的个人进步现实的综合性素质。

OBE 教育理念的本质是学习产出教育，起源于信息革命时代美国在对抗苏联科技成果和发展时针对高等工程教育方面提出的具体要求，1981 年，美国教育家 Spady 等人共同提出了一种新型教育理念，这一理念如今在一系列欧美国家被作为主流教育指导思想。中国于 2013 年加入《华盛顿协议》后也渐渐采纳了此教育理念，将其作为指导我国工科教育的思想理念。

（二）高校体育 OBE 新理念的树立

1. 最终结果决定

在 OBE 理念指导下，学习成果要通过个人的能力结构和具体的课程教学经过来实现，学生应理性清晰地分析现有的课程安排与自身能力结构之间的关系，最终结果具有显著的映射性特征，能力结构所包含的具体能力都需要以课程的支撑作用来实现和展现。如此一来，学员可以在学习完固有的课程体系内容之后自然而然地取得预期的学习效果，建立起合理的学习能力结构。

大学体育课程和普通的以升学考试为最终目的的中小学学生体育教学存在本质区别，教学深化改革展开之后的大学体育对学生群体的意义更加重要，是一门能够提升全面能力的基础性课程。大学体育教育最终目标的达成并非借助以往单一固有的学习形式来平均或累积，而是学员个体在全部的学习过程结束及完成之后取得一定的最终层次结果。这一结果的具体意义是指学生在完成大学固有的体育课程训练安排后是否真正在技能和德育方面获得了足以支持其未来可能负责的工作岗位的实际操作要求、训练手段、技术能力和道德修养的能力，这种训练结果关乎大学体育课程具体学科、教育和训练体系的合理性和有效性。

2. 运动内化成效论

大学体育的锻炼经历是长期的，其间的主要内容并不仅是学员对学习内容的理解和掌握，更不能理解为对运动技能展开暂时性的学习。大学体育锻炼的深层次内涵是让学生在心灵深处逐渐内化吸收所学习接纳的体育教学内容，并满足终身体育锻炼的精神需求。大学体育教学要让学生在课堂训练的过程中形成自主自觉训练的习惯，培养学生自主自觉进行体育锻炼探索的能力、熟悉和遵守规则的自我意识、理解裁判判定尺度的能力以及坚定的意志和强大的抗压能力，使大学体育成为学生内心精神需求的一部分，这是从根本上保证和延续训练成效的方法，在学生终身的锻炼生涯中贯彻了运动训练和坚持锻炼的内在性格。

3.终身体育运用论

大学体育教育并不仅仅是学生作为学习主体在常规的课堂学习中获取和应用知识点的过程，更是学生培养终身体育锻炼的习惯能力、终身体育锻炼的积极价值观念和价值取向的需要。故而学生的课堂学习过程也是一个孕育其持续体育锻炼能力的过程，终身体育锻炼的能力对学生未来走入社会大有益处，学生会在未来将要负责的工作岗位承受长时间的高强度作业，对此不可不具备优秀的身体素质，以避免在长期的高强度工作中产生健康问题，因此大学体育教育应兼含体育课程技能教学之外和对学生持续训练锻炼能力的培养，使学生完全具备终身体育锻炼的技巧和能力，这一过程中学生还要养成"为人民服务"的精神品质，作为未来工作的精神支撑，这样才是真正地将大学体育训练变成个人的固有习惯，在人生中贯彻长期终身的体育锻炼，从而实现健康管理的目的。

4.体验式教育

所谓"实践出真知"，从实际操作的过程中获得并总结的结论相对而言更加可靠，更不容易遗忘，运动员自身获得的体育成绩越接近其实际学习经验，就越有希望作为一个长期目标，而长期培训下获得的体育教育成果也可以更长时间地持续保留。所以，知识的传授并非学习过程最为重要甚至唯一的一环，教师应适当调整革新传统的课堂教学方式，将课堂教学主导方面改为学员自身的体验学习，为每个学员的课堂学习带来更加真实的体验，从而使学员不再过度遗忘甚至舍弃原本的学习内容，对体育锻炼产生发自内心的内在体验感受，提升校园体育的课后二次训练率，促使学生掌握教学技能和性格养成过程。

5.生活实用化导向

大学体育的实践性日常训练是一个十分重要的方面，是培养学生终身体育习惯的重要方式，这一方面需要注意强度提升与基层设施状况的结合度，大型体育设备的安装配置、专业教练的聘用、固定训练时间都是要考虑的因素，此外，体育训练不能过于依赖器械，否则会造成学生未来对于大型专业设施的过度依赖，使学生无法脱离器械训练，阻碍终身体育习惯的养成。另外，教学设计也要有足够的生活实用化性能，发展碎片化的教学内容，实现大学体育课程的"随时随地进行"，使体育受众群体在学习、工作的间隙和空闲时间都能采取适合自身的体育锻炼方式，从而极大提升体育锻炼的效率和概率，减免过程中的片面遗忘率。

第二节 高校体育教学方法

一、传统教学方法

（一）分层教学法

1. 定义

所谓分层教学，是一种针对性教育，根据学生的各种情况差异，来进行分层次的教学。学生在成长过程中受到遗传、家庭，以及社会等各方面内外部因素的影响，在生理、心理、性格等方面会形成很大的差异性，所以不同的学生的基础学习条件有很大不同。以不同学生不同的基础条件作为依据，教师可以对不同的学生采用不同的教学方法，衡量学生的感觉认知与学习领会能力，从而更加准确更加科学地调整布置教学方法、教学手段以及课堂教学内容等。这种分层教学方法相比普通的教学方式更能够使学生得到提高，它对不同层次的学生进行学习引导、测验、评估，更加具有区别性和目的性。

体育分层教学，是指在学习体育时将学生划分成不同的层次，根据不同学生的性格、生理以及残疾程度等，给不同学生确定不同的学习目标、不同的评估标准，在这个基础上进行体育教学。对于设计的教学环境来说，要能够与分层教学方法相符合，对不同层次的学生进行不同的教育教学，使每一个学生在体育方面获得应有的成绩与提高。详细周到地考虑不同层次学生的不同特点，根据这些差异性进行因材施教，给予不同的学习方法与学习指导，使不同层次的学生都可以获得应有的提升。分层教学的普遍组织形式是班级教学、个别化教学、小组教学，然后进行一步步地分层，比如分层训练、分层要求、分层评价、循序渐进、分类指导等，最终实现学习目标。

2. 理论依据

（1）因材施教理论

这个理论的意思是针对不同人才，要使用不同的教学方法，这样才可以实现功能最大化，培养出真正优秀的人才。在现实生活中，不同学生所在的生长环境、家庭环境、心理素质以及个人的主观努力不同，所以不同阶段的学生具有不同的特点。不能一味对学生们灌输一样的教学知识，而是要根据不同学生的基础或者是特色，来为他们选择不同的教学方法，统筹兼顾每个人的特殊性，使每个学生都可以得到提高。

必须考虑到不同学生的不同特点，这样才可以因材施教，具体情况具体分析。因材施教着重关注学生的特殊性与差异性，对于学生自身的提高以及个性的成长具有重要意义。

（2）差异教学理论

把不同学生的学习水平、兴趣以及学习风格这些差异，来作为教学的组成要素，从而设计出不同的教学内容、过程与成果，来提高不同学生的学习水平。

差异教学理论是在其他三个理论的基础上形成的，即布鲁姆的目标分类学、加德纳的多元智能理论、课堂教学优化理论。在霍华德·加德纳的教学中，多元智能理论，是指教师应该多看到学生的长处，而非他们的不足，要使用赞许的眼光来看待学生。在教学评估时，要考虑使用不同的评估方法来适应不同的学生。课堂教学优化理论是指在教学中使用最少的时间精力来获得最好的教学效果，使学生得到最好的发展。

所以，将差异教学理论运用到实际的分层教学中，对于不同学生的发展提升有比较良好的作用。

3.教学原则

（1）公平性原则

对于不同的学生要公平一致地对待，不能因为成绩、性格等原因厚此薄彼。不同学生的才能表现在不同的方面，不能仅因为某一方面的不足而轻视他们。教师的评价对于学生来说至关重要，不能由于个人原因来对他们进行不公正的对待，应该做到公平、公正。

（2）个体差异原则

不同的学生之间具有差异性，这是普遍存在的。面对这些差异性，教师应该调整教学模式、教学设计、教学内容，让每个学生都可以更好地学习了解，同时更好地发挥他们的潜能。在体育教学课堂上进行分层教学时，要了解不同学生的特点与差异，通过这些差异来为他们设定不同的教学目标与内容，来进行分层教学。同时，不同层级的学生还可以互相沟通交流，分享各自的学习目标与内容，团体内部的成员各自发挥自己的优势，认清自己的劣势，共同协作完成，形成一种组内成员之间互相学习，组外学生互相带动学习的良好氛围。分层教学的整体难度并不高，这对于优势学生来说，不会太简单；对于弱势学生来说，也不会太难。这种教学分层难度对于学生来说，刚刚好，而且最后得到的学习成果是相同的。

（3）区别对待原则

不同学生的思维、体态、性格、教育背景等方面存在着诸多差异，所以在教学中要切记区别对待的原则。对于不同学生的差异性要进行区别对待，为他们制定特定的教学目标、教学内容、教学方法、评价标准。

（二）体育游戏

1. 定义

体育游戏是指身体活动与体育教学相结合，它属于游戏的一个分支，包含有游戏的各种特点，同时也是体育教学的一种教学方式。有学者认为，通过进行体育游戏，学生们可以提高身体素质，掌握运动的知识技能，所以体育游戏是体育教学的一个重要组成部分，具有十分重要的意义。有学者认为，体育游戏是以运动为基础，结合了体育教学的目标及要求，同时内里有着故事情节以及竞赛规则的游戏。体育游戏以游戏为主要形式，内容为体育运动技巧，目的是增强体质、娱乐身心。综上，体育游戏基本的形式是体育运动，它具有明确的规则与行为的要求，目的是健身和教育。

2. 特点与功能

体育游戏的特点有很多，既包括体育的特点，又包括游戏的特点。比如趣味性、多样性、竞争性、健身性、规则性、教育性等等。趣味性是指通过做游戏的形式，可以提高学生们对于体育教学的兴趣，在娱乐中学习。多样性是指体育游戏的方法丰富多样、五花八门，便于开展。竞争性是指学生们在进行体育游戏时可以实现自身价值，无论是体育还是游戏，都具有很强的竞争精神。健身性是指这种体育游戏可以使学生们进行锻炼，提高身体素质。规则性是指学生们在进行体育游戏时要注意规则，在不断运动之时大脑还要持续地思考、判断、决策，在规则内取胜。教育性是指通过进行体育游戏，学生们可以学习到体育活动技巧的相关实践知识，同时还可以培养不怕困难、勇往直前的良好品质。

学生们参与到体育游戏中，具有很多好处。比如，提高学生对于体育教学的兴趣，增强学生的纪律性，提高学生的身体素质等。在此基础上，还需要继续创新。总结，其功能一共体现在五个方面：① 准备功能和热身功能；② 增强身体素质功能；③ 掌握运动知识技能；④ 缓解放松身心功能；⑤ 培养思想品德和意志品质。

3. 教学原则

（1）趣味性原则

体育游戏将体育和游戏结合起来，能够增强学生的兴趣，给他们带来趣味性。所以，体育游戏可以活跃气氛，给学生创造一个十分有趣味性的学习环境，更加有利于增强学生学习体育知识技能的乐趣。

（2）教育性原则

体育游戏将体育与游戏结合起来，是一种十分新颖的教学模式。这种教学模式的目的是增强学生们对于体育知识技能的掌握状况，同时进行强身健体，在兴趣的驱动下，让学生们更加深入地进行体育技巧的实践。所以，应该在体育游戏中，增强其教育性原则。

（3）安全性原则

无论任何时候，安全性为第一原则，在体育教学过程中也不例外。在体育教学实践过程中，一定要强调安全原则，它是一切的前提。学生们在进行激烈体育活动前，要进行热身活动，并佩戴好防护工具。同时在教学过程中，教师要时刻注意学生的动作是否标准，否则容易因此产生安全事故。

（三）体育俱乐部

1. 定义

俱乐部一词是从欧洲传入中国的。在我国，主要是指文娱、体育等各种活动的聚集性场所。体育俱乐部的主要内容是开展体育活动，其组织一般是自发的。体育俱乐部最初是由一群爱好体育的人组成的，内容主体是体育运动。随着我国思想越来越进步，以及教学改革等原因，将俱乐部形式与学校的体育教学结合在一起，产生了最初的体育俱乐部的教学模式。这在一定程度上促进了我国体育教学的发展。不同的人对于体育俱乐部有不同的概念看法，但是，它的本质以及核心思想有一些共通的地方。比如，体育俱乐部促进了学生们进行体育学习的积极性；体育俱乐部具有独立性；体育俱乐部培养学生关于终身体育的意识，促进了学生的全面发展。

2. 优缺点

（1）优点

① 以学生的角度思考问题，让学生自主选择，尊重学生的兴趣爱好，同时非常有助于提高学生的自主学习能力。

② 在体育俱乐部进行体育教学，可以增强学生的积极性，激发其兴趣和创造力，同时进行体育锻炼能够强身健体，增强抵抗力。

③ 由于体育俱乐部开展教学模式，对于体育老师的专业水平要求比较高，无形之中就会提高体育教师的专业水平素养。

④ 在体育俱乐部，学生们组成学习小组，一同交流学习、查漏补缺，在学生与学生之间、学生与老师之间形成一股非常好的学习风气。

（2）缺点

① 体育俱乐部相较而言比较专业化，所以其对于体育相关配套设施、体育场地等要求比较高，而且比较注重体育项目多元化发展。因此，成本比较高。

② 体育俱乐部教学模式注重学生自主选择，由于高校一般学生比较多，在选择不同体育项目时需要将原有的班组打乱，进行重新分组分班，会给任课教师带来比较繁重的教学压力。

二、新型教学方法

（一）线上线下混合教学

1. 定义

由于近年来互联网的飞速发展，各行各业都与互联网有了或多或少的联系。在教育教学方面，互联网已经发展了多年，有了一批教育教学与互联网相互交融的成功案例，有了一些积累的经验以及大量的优质教学资源，同时这些教学资源又为互联网教学资源的整体优化奠定了比较坚实的基础。线上线下混合学习模式是指将互联网教学资源与传统课堂融合在一起，来让课堂教学更加全面、更加深入。这种教学模式能够增强学生的兴趣，使学生在学习时更加轻松、愉悦，同时学习更加深入、便于理解，进入更深一层次的状态。这种学习方式还促进了创新思维的发展，进一步促进了混合学习模式的发展。

2. 作用

（1）弥补了传统教学的缺点

在传统课堂教学中，教学方式过于单一、教学内容乏味、学校场地与器材不足等都是缺点。这些缺点降低了学生的兴趣，使老师不能好好教课，学生不能好好学习，打击了学生的自主积极性。线上线下混合教学的方式恰好弥补了这些缺点，比如互联网线上教学模式可以使学生们看到多种多样的高校体育教学课程，教师可以通过互联网创造出不同的体育模拟场地，为学生们讲解此项体育运动的动作要领，使学生参与其中。通过这种线上的教学模式，使学生初步了解该运动，增长了见识，为后期传统课堂教学奠定了基础。这种形式的线上课程，为学生介绍了丰富多彩的体育运动知识，同时开阔了学生的视野，增强了他们的兴趣。

（2）加强了师生之间的交流

一直以来，在我们国家，学生的主要任务是学习文化知识，体育教学特别不受重视。所以一个学期下来，很多学生可能根本不了解体育老师，也不了解体育课程。对于教师本人来说，由于缺乏必要的反馈，对于自身体育教学课也缺少明确的认识和定位，在进行体育课时往往敷衍了事，极不专业。线上线下混合的教学模式有利于学生与教师之间的交流。首先，教师在开课之前，可以调查学生对于不同体育项目的意愿程度，根据这份调查结果，选择自己要开哪一门体育课程。然后，开设学生感兴趣的课程，通过课程视频的方式向学生展示体育运动的动作要领以及重点细节，在讲课过程中还可以与学生实时互动，以便于自己更好的讲解。线上教学方式中，大家可以畅所欲言、自由交流，互相交流自己的看法，学生们可以更加主动的学习。这种线上教学模式，提高了学生的学习兴趣，丰富了学生的视野，增进了教师与学生的交流，使得课堂氛围更加活泼生动。

（3）促进了体育教学的多元化

传统课堂教育与现在互联网线上线下相结合的模式相比没有趣味性，比较枯燥乏味。而且高校体育场地与器材比较老旧匮乏，教学方式难以得到创新。线上线下结合的教学方式，为学生们提供了多种多样的体育教学资源，促进了体育教学的多元化。同时，互联网上拥有着庞大的信息，通过收集信息，学生们可以增长见识、开阔视野。而且主动地去收集信息，可以提高学生的独立性，帮助学生增强对体育教学的兴趣，同时还会提高体育教师的教学水平。

（二）体育课程思政

1. 定义

"体育课程思政"是"课程思政"的下位概念，即以"体育课程"作为"课程思政"开展的"课程"。"体育课程"与"课程思政"的关系可以分为这几个层次：第一，体育教育中包含有思想政治教育，在学生进行体育活动时，其实里面本身就含有思想政治教育的内容和目标，通过进行体育锻炼活动可以培养人们良好的德行；第二，体育教育与思想政治教育是不可分割的，当学生在进行体育活动时，可以掌握良好的运动技能，这时候在心理上也会形成团队精神和规则意识，这有助于思想品德的进步，同时优良的思想品德也可以帮助学生更好地领会体育运动技能；第三，体育教育与思想政治教育共同组合起来，服务于教育的全面发展，二者相互促进，并与智育、美育等相协调，最终达到人的身心和谐发展，实现肉体与灵魂的完美统一。体育学科在"德智体美劳"人全面发展的培养过程中具有独一无二的作用和价值，不单单包括体育课程思政建设与体育教学活动，而且囊括在学生参与身体活动的全过程。

综上，体育课程思政可以定义为：在体育实施的过程中，从教育手段、教育内容的选择，到教育组织的方式以及课程评价等各方面，从而实现学校体育课程的思想政治教育功能。

2. 育人目标

运动参与目标、运动技能目标、身体健康目标、心理健康目标和社会适应目标，这些都是体育课程的育人目标。目前，体育课程应该持续强化其中的思想政治理念，突出思政育人特性。

（1）身体健康目标

身体健康是一切的前提，只有身体健康，才可以去做其他事情。所以要培养学生科学锻炼、终身锻炼的习惯，养成一副强健的体魄，不断进行身体锻炼，向学生传授"体育强国梦""健康中国""全民健康"等重要思想。

（2）心理健康目标

通过进行这些具有挑战性的运动，增强学生的意志品质，培养他们的高尚情操，如集体主义、爱国主义等品质。

（3）运动参与目标

通过课程学习和实践训练，不断提升自己的体能，同时提高自己的体育知识素养水平，改善行为态度，关心体育项目的发展历程，发扬体育精神。

（4）运动技能目标

在训练中，增强学生的运动技能水平，培养他们不惧困难、勇往直前的精神，同时要培养学生的团队协作精神，团结一心。

（5）社会适应目标

建立健全学生的人格，培养他们正确的人生价值观，主动关心社会、积极参与体育事务等。

3. 教学原则

（1）全面发展原则

在高校中的教育教学中，要实行全面发展的原则，在各个方面施行品德教育。要落实立德树人的任务，就必须教给学生思政课程，将它不断地融入其他学科，更好地加深学生的理解。当今时代，风起云涌，是不断变化着的时代，要让学生看清这些变化，同时正确认识到自己肩负的责任，树立伟大理想。"晓之以理、动之以情，"教师通过言传身教，培养学生树立"四个自信"，实现中华民族伟大复兴中国梦的自信心。在校园中，要营造出一种奋发向上、勇敢拼搏的文化氛围气息，实现文化育人。通过奥运会等赛事中的感人事迹与运动员的拼搏精神，让学生学习和树立敢打敢拼的"女排精神"等，进一步提升体育教学效果。

（2）教师教育主导原则

教师是人才培养的关键。要培养真正的人才，就对教师有一些深刻的要求。例如，良好的价值观念、较高的政治素养、较高水平的专业技能等。所以在高校中，教师要有高尚的品格，重视言传身教，自觉地做学生成长道路的引路人。因此，在招聘教师时，要严格要求，招取政治过关、技术过硬的教师。

（3）坚持社会主义核心价值观引导原则

在高校教育教学实践中，应该做好立德树人的根本任务，要回答好这几个问题，培养什么人、怎样培养人、为谁培养人等。在互联网不断发展，各种思想文化交流不断碰撞的过程中，要时刻坚持党的领导，坚持社会主义核心价值观引导原则，才可以将体育教学与思政教育结合在一起，才能真正地从多个方面对学生进行教育，更好地促进学生的成长。

第三节　高校体育教学课程

一、高校体育理论课程

体育理论课程，不同于实践训练，主要是指教师从含义概念以及知识理论的角度给学生普及讲解生命教育。比如，在跑步时，持之以恒的学生骨骼与肌肉看起来非常结实，在高校中的学生大多处于身体发育的黄金时期，在体育锻炼时，可以很明显看出其身体的骨骼与肌肉，这是生命发展的一种形式。在教学时，使用体育教学结合生命教学的形式来一同描述，这样更加清晰明白。体育理论课可以让学生更加深刻地理解在生命发展、个体成长之中体育运动的重要意义，使学生们可以意识到体育锻炼的重要性以及生命发展的魅力。

二、高校体育体能训练课程

（一）体能训练课程概述

体能，是人体的基本运动能力，它可以通过一些身体素质表现出来，比如速度、协调、力量、耐力等。体能可以分成健康体能和竞技体能两个方面，这是根据不同人群里体能的不同表现和作用来划分的。其中，二者里面健康体能是竞技体能的基础，它是指身体内的器官系统的机能能力，对于我们每个人来说都是不可或缺的。我们进行体能训练的目的是提高人体的身体素质，即提高人体的速度、耐力、力量、协调等。体能与身体素质指标二者是"总""分"关系，通过训练体能可以提高我们的身体素质，体能是"总"，身体素质的各部分指标是"分"。在高校体育教学中开设体能训练课，是为了对学生的各种身体素质进行综合训练，而不是进行专一的训练。所以，体能训练课不倾向于对某项专项体育技术的把握，而只是简单的借鉴体育训练的方法。在体育教学中，将体育训练的理论和方法融入实践的体能训练课程之中，既深化了所学体育理论知识，又是对体育实践课程的活学活用。

（二）体能训练课程的构建路径

1. 课程构建中注重创造性思维培养

在大学体育教学课程中，对于创造性思维的培养极其重要，必不可少。它具有几个重要作用，如降低学习压力、促进学生身心健康发展、提高身体素质等。所以，一定要重视对于创造性思维的培养。首先，在体育教学课程革新中渗透入创造性思维，根据学生体能训练方式的改变及时进行优化。在课程构建之时，也要具有创造性思维，创新传统的课程构建观念，对于不同学生的体能水平进行层级划分，使用分层教学来教育不同的学生。对于体能水平比较高的学生，教师适量渗透一些重难点，不断地强化锻炼。对于体能水平比较低的学生，可以改革一下课程内容，适当降低难度，在训练过程中时刻关注着学生，多与学生交流，这样可以确保其体能水平有所增强。

2. 基于体育教学目标合理开展专项训练

不同的体育课程有着不同的教学目标，其本身有着不小的差异。所以明确教学目标对于教师来说十分重要。在确定教学目标后，为薄弱的学生开展组织专项训练，来提高他们的教学水平。比如，在篮球运动教学课上，开展体能训练的目的是锻炼学生打篮球的技能，在不断的篮球训练过程中，提高学生的速度和力量。所以，在对学生进行体能训练之时，要重视对于力量、速度专项的训练。在进行力量训练时，教师要明确各大小肌群的训练重要性，然后通过推举、卧举、俯卧撑这些锻炼来训练学生的力量；在对学生进行速度训练时，可以通过长跑、跳远、引体向上等方式来训练学生的速度。此外，在对学生进行训练时，对待男女生可以选择不同的目标。女生的重要任务是训练耐力、速度和体力，而男生的重要任务是训练爆发力、弹跳力和速度，这样的训练目标才能更加契合当代学生的身体和心理的发展，更加促进改善体育教学课程。

3. 立足学生兴趣爱好丰富课程内容

大学课程种类繁多，学生大多时候是根据兴趣爱好来挑选体育课程。所以，在构建课程时，要以学生的兴趣爱好为基础，这样才可以提高学生的积极性，同时也可以更好地发挥体育课程的价值。根据学生的兴趣爱好来不断地丰富与改进体育课程的内容，这样才可以更好地实现体能训练带来的效果。比如，在指导学生练习健美操时，可以选择比较流行的音乐，来提高学生的兴趣，拉近师生之间的距离，这样才可以提高体育课程的教学质量，使学生更加有兴趣学习，提高其身体素质。此外，还可以在教学课程构建之时，强化与学校体育类社会之间的合作，或者是在教学期间强化对于学生的示范指导，这样也可以激发学生的兴趣，同时更好地发挥体育课程的价值。

第四节　高校体育教学评价

一、高校体育教学质量评价

"评价"一词原本是买卖东西时的专用词语，比如在句中"市物不评价，市人知而不欺"就是还价的意思。在此之后，评价一词逐渐延伸开来，意思也由最开始的还价变成了用于衡量人或事物的价值。现在的评价是一个明确价值的过程，首先要确定要评价的对象的属性，另外还要将客观评价变为有效主观的评价。

在教学过程中，要衡量教师产生的教学价值，就需要进行教学质量评价。教学质量评价，顾名思义，就是对教学质量进行评价，根据教学的目的、教学要求，使用多种评价方式，来对教学结果、教学过程进行一场科学的价值评价过程。关于教学质量的重点目标是什么，有两种不同的看法。有的学者认为，达成教学目标，满足教学要求，同时达到了教师、学校、社会三方的满意度，这是教学质量的重点目标。其次，还有一些学者认为，教学质量评价是学校教学工作中的主要组成部分，在教学工作中至关重要，教学评价中评价指标的科学性、客观性、有效性是教学评价中大家关注的重点，所以教学评价变成了教学管理各部门的改进的方向。

当前关于体育的教学质量评价还未完全发展起来，其做出的处理方式也极为简单，仍然处于感性阶段。体育的教学质量评价依据的是体育教学的目标和原则，运用与体育的教学目标、教学方法相契合的评价方式来进行评判。另外，体育教学质量评价还要注意是否达到了最初的预期结果，是否实现体育教学目标与要求，是否得到三方认可等。

二、高校体育教学评价指标构建原则

任何事物都有一定的客观规律，原则是客观规律的反映，所有活动必须遵循自身规律。体育与健康课程是学校的体育课程之一，关于此课程评价理应也要遵守学校体育评价的基本原则。学校体育教学的评价指标主要依据各体育学科基本要求、部分政府出台文件、教学过程中的规律与现象等。它应该遵守以下几个原则：

（一）导向性原则

高校体育教学评价的目标是提高教学质量，指导教学实践，所以，在评价时要将重点全面突出出来，简明扼要，察看是否符合当今新时代发展要求。最近这些年，教育部出台多份文件，对学校体育等方面有着多项政策要求。体育教学是学校体育工作的重点，对于体育教学的评价应该体现政策的有关内容，严格遵循出台政策的要求，促进体育活动良好进行。

（二）独立性原则

对于体育教学的评价指标，每一个都是不同的，但又互相关联，应该要时刻保持它们的独立性。关于体育教学评价有很多作用，比如，诊断教学过程、评价教学效果等，在很多方面拥有良好的可行性。

（三）系统性原则

体育教学评价中，单个评价指标仅可以评价对应部分，而不能对整体进行评价，因为每一个评价指标都是相互独立的。但同时他们也是相互关联的，将各项指标联合起来构成一个整体，就可以对整个体育教学过程进行完整的评价。

（四）容错性原则

在进行体育教学评价时，由于受到各种内外部因素的影响，评价的结果可能会出现一些偏差，然后影响最终结果。由于教师使用评价指标来进行体育教学评价，可以在指定指标时就为它设置好容错性，这样，即便信息收集不完全，得到的评价结果也会相对较为准确。

三、高校体育教学中对教师的评价

在高校中，对老师的评价方式有四种，即同行评价、学生评价、领导评价、自我评价。这四种评价互相参考对照、互相补充，构成了一个相对比较完整的评价。同行评价是指相同教学经历的教师采用讲座、听课的方式对被评价老师的最新学科研究成果前沿的触碰程度、教学责任承担、学科知识掌握程度等来进行评价。学生评价是指学生对老师的教学进行评价，主要采用调查问卷、匿名等方式进行评价，这种方式比较有说服力。领导评价是指上级领导班子通过听课、召开座谈会、发放问卷、检查教师备案或学生作业等方式，时间上定期或者非定期对老师教学的效果和行为进行评价。自我评价是指被评价教师本人对自己的教学内容、教学过程、教学成果的评价，对自己的教学进行剖析反省。

四、高校体育教学中对学生的评价

（一）基本评价方法

在对学生进行评价时，考试和考察是最基本的方法。它的本质是量化评价，主要是进行纸笔测验。但是，随着各种评价方式越来越多，越来越往人性化、多元化发展，许多其他评价方法出现了，比如动态评价、档案评价、直接评价等等。动态评价中的评价和教学是一体的，采用"前测—教学介入—后测"的方式来对其学习行为进行判断。首先通过对学生的学习行为进行判断，来了解其可塑性，然后在训练教学中不断锻炼学生的相关技能。关于实践评价是使学生在真实的环境中运用所学知识和技能来实践完成活动或作品。

（二）过程性评价

1.概念

过程性评价最初是由哲学家斯克利芬首次提出的，然后美国教育学家布鲁姆将它运用到教育实践活动中。在体育教学领域，过程性评价是指在体育教学实践过程中，教师通过观察收集学生教学过程中产生的各种信息，然后进行思考分析得到反馈，从而对体育教学的价值进行判断、选择的过程。教育的基本属性是过程性，体育教育的过程性尤为显著。所以在进行教学评价时，结果固然重要，其教学过程也很重要。在教学过程中，学生会根据课程学习内容、兴趣爱好等原因来定制自己的学习目标，并且选中极具个性化的知识建构方案，运用过程性评价可以及时发现在这个过程中存在的问题，提高其学习效率。

2. 内容

评价内容是制定过程性评价方案的关键，评价内容不明确会直接影响到评价的效果。在体育教学中应用过程性评价，其内容应包含学生整个学习过程中的主要因素，可归纳为学习参与度、学习交互性、学习效度和学习延展性四个方面。在进行评价时，要具体情况具体分析，对于不同的方面灵活运用定量的评价指标或定性的评价分析。

（1）学习参与度。促进学生积极参与、调动其积极性，是一个永恒的话题。在体育教学过程中，要时刻注意学生们的参与度。这个评价内容十分重要，能够展现出学生们的学习态度。

（2）学习交互性。在教学过程中，教师与学生、学生与学生之间互相交流，活跃课堂氛围，这种互动以及学生获取教学信息、体育教学中的学习状态、交流合作、意志表现等方面的评价，就是对于体育教学中学习交互性的评价。例如：举手回答老师问题、学习辅助课程资源、小组合作和讨论、主动提问和发言等。

（3）学习效度。这种评价内容主要是指学生的学习效果，在一段时间的教学过程之后，学生对于学习的收获与感知，教学内容的应用价值等方面。其中还包括学习目标的完成、掌握体育运动知识与技能、学生对课程的适应情况等。

（4）学习延展性。这种评价内容主要与一些非智力因素有关，在体育教学过程中，对于学生在沟通能力、思想意识、身体健康状况、协作能力等诸多方面是否有潜移默化的影响，对于后续体育教学课程、其他学科以及日常生活等方面是否有一些帮助。

3. 必要性

在我国，目前体育类课程的传统评价模式还存在着三方面问题。第一，评价观念落后。我国体育教学评价由于在很长时间内受到工业社会重视效率技术理性价值取向的影响，呈现出静态化、唯一化、工业化特征，评价手段较为僵化。一方面，重视教学结果，轻视教学过程的动态化和生成性指标。另一方面，评价模式较为固定，追求评价的直观性、操作性和效率。这种僵化落后的评价与现在所倡导的素质教育的理念不相符，阻碍了教师对于教学方法的创新，不利于提高学生的体育与健康综合素质。第二，评价方法单一。这种落后的体育教学评价过分强调量化，一直以来将学生的知识测试与技能考核作为评价的主要指标，降低了评价应有的信度和效度。使用量化手段进行评价，是以前体育课程教学评价的基础，但是它更要为教学与学生的发展服务。量化评价方式的优点是严格遵守体育教学的等级标准，能够很好地体现客观公正性，但是这种评价方式比较容易抹杀学生的主动性，限制了教学课程中的育人导向作用的发挥。第三，这种指标体系不全面。目前体育课程的教学评价比较有局限性，更多的是关注掌握课本知识、体育技能动作是否达标、出勤率高低等，而很少重视学生的综合能力、学习兴趣积极性、品质道德等方面，并且评价人始终为任教老师，过于一成不变，而且也很难保证客观。在高校体育教学课程中，应该对教学的所有内容进行全面的、各种形式的评价，不能避重就轻，而应该专业细心地进行全方位、多层次的评价判断。

4. 主要方式

在体育课程的教学评价中，使评价思想观念从理论知识到实践的桥梁是切实可行的评价组织形式，这种评价方式有以下几种：

（1）学生自评

学生是教学的主体，是课堂教学中的主人翁。所以，学生的自我评价必不可少。在完成一段学习任务时，通过老师给予的统一评价标准，学生来对自己最近这段时间的学习情况进行自我评价。在这个过程中，学生回想这段时间的学习经历，可以大致做一个总结，同时更加了解自己。更加明确自己的学习态度，对于之前的学习行为和效果有一个清晰的认知。自我反思个人不足，改正缺点，找到自己的学习目标和努力的方向。另外，对于教师来说，也可以更加了解学生的心理以及掌握知识技能情况，有利于之后对其进行更好的引导与教育。

（2）教师评价

在学生完成自我评价之后，还需要教师对其进行评价。因为仅学生自我评价这一种评价方式，缺乏全面性和客观性。教师进行评价时，能够对不同学生不同阶段的学习内容和成果进行定量指标打分和主观定性评价。在体育教学中，锻炼运动技能需要很长时间的训练与重复，才能提高技能水平。因此，在教师对学生进行评价时，也是需要多次进行，然后提出建设性意见与反馈，这样能够督促学生更好地提升运动技能的水平。并且，由于教师评价贯穿整个体育教学过程，不仅仅针对期末考试考核，这样还能够最大程度上反映学生的学习进步与成效，同时更加客观。

（3）生生互评

由于教师在教学过程中要进行体育技能的动作展示，为了方便可以将学生进行分组，然后学生与学生相互交流评价。在小组内各自打分互评，共同交流，共同学习，同时由于任务的驱动性，相比以前更加重视体育教学中的知识点和运动技术性动作要领，这种评价方式有助于学生们更加认真地完成作业，还可以增强学生团队之间的合作能力。

5.提升策略

（1）将结果性评价与过程性评价有机结合

结果性评价比较严格，更加注重量化的高低；过程性评价相对而言比较宽松，更加注重不可量化的因素。将这两种教学评价方式有机结合起来，既关注量的变化，又关注质的提升；既关注主体智力因素，又关注非智力因素。能够比较客观地评价学生的学习成果与潜力。量化的因素如体育课成绩，可以将当前学生的体育运动知识与技能掌握水平很好地展现出来。如道德品质、情感等方面是不可量化的，所以单纯使用一种评价，将会使结果过于片面化，无法准确地反映课堂实然效果与应然目标的差异。应该将二者结合起来，面对可量化因素采用结果性评价，面对不可量化因素采用过程性评价。

（2）将个性化评价与制度化评价有机结合

如果想要改善课堂教学效果，那么必须让学生感受到一种和谐民主的学习环境，尊重学生，发挥他们的创新性和主观能动性，让学生不断地认同自己、完善自我。所以，教师对于学生的评价也要体现对于学生自身的人文关怀，要增添对其的特殊个性化评价。要形成这种良好的学习氛围，需要多种条件，挖掘学生的学习兴趣、提高学生的学习能力、优化教学方法、更新教学观念等。同时，公平公正的制度环境对于形成良好教学氛围也是不可或缺的。在对学生进行评价时，要依据公正的制度，做到公平公正、客观严谨。将对学生的个性化评价与制度化评价结合起来，使教师评价条理清晰、有章可循，又能够充分保护学生的个性，更有利于完成培养学生的目标。

（3）有效利用大数据与互联网平台

使用互联网平台进行信息的传播交流，学生们通过在线学习，可以了解到更加丰富的知识，同时互联网能够专业地记录跟踪学习行为做出分析。在线教育平台如今得到越来越广泛地使用，利用大数据和互联网进行教学评价，能够准确而快速地了解学生的学习情况，专业的分析与挖掘帮助教师更好地评价学生，发现自己教学的不足并不断改善。这种专业的过程性评价，促使体育评价逐渐向微观化、个性化走去，能够更好地提高教学的质量。

（三）表现性评价

1. 内涵及特点

表现性评价是指在比较偏向真实的环境中，使用评分对完成复杂任务的学生的最终结果与过程表现做出判断。还有学者使用从大规模测试对受测者所提出表现要求的角度来对表现性评价做出定义：受测者按照提示材料来完成一定的任务，对于这个任务质量有确定的标准，这个标准就是用来评价最终结果或者过程的。表现性评价类似于连接课堂评价与大规模测试的驱动器，用来维系教学、评价、课程三者的关系，从而促进它们不断地学习改进。表现性评价有以下几个特点：①情境性。学生在各种复杂问题情境下，不断地解决问题创生意义，这帮助他们提高综合素质，同时发展更高阶的思维模式。②构建性。教师通过自身对教学内容的理解构建表现性任务，学生同样也需要建构反应才可以将这些任务解决，通过完成这些表现性任务能够表现出学生丰富的创造性。③标准化。表现性任务的标准比较清晰、明确，能够使学生更加清晰地明白评价等级的特征，同时学生也可以为之后的活动树立更加明确的目标。

2. 可行性分析

（1）符合体育课程的问题情境创设

对于表现性评价来说，它的情境性特点与体育教学课程的问题情境十分相符。所以教师可以在体育问题情境中，来对学生的表现行为与学习结果进行评价。使用表现性评价，其评价内容比较丰富，可以展现学生对于体育知识技能的掌握水平、解决情境问题的能力，同时还体现出学生的外在表现与内在心理倾向。

（2）关注学生的学习行为表现

表现性评价的内容有很多，它可以展现出学生的外在行为表现以及内在心理倾向，还可以展现出学生的主要学习结果，同时对于一些非认知因素如态度、情感、价值观等都可以展现出来。在体育教学课程中，教师使用的表现性评价，其评分规则与判定标准主要针对育人效果。但是，育人效果很难用一个准确的量化分数来衡量，所以应该多多关注学生表现出来的态度、情感等非量化因素。使用表现性评价，通过观察学生在体育课程的学习活动中"能做什么"，可以评价学生在不同学习阶段中的行为表现和思想上的变化。这样可以给教师和学生自身提供反馈，使二者进行自我评价、自我调整、自我完善，然后为下个阶段的目标提供方向。

（3）促进学生自我成长

构建者的价值取向以及主流价值观大体上可以通过在表现性评价中的问题情境以及任务表现出来。学生在完成任务时，也需要根据自身现有的能力、态度、知识、情感等因素进行综合构建反应，在解决问题时进行思维判断、解决探究等来展现出特别的综合素质。同时，在现实生活中与教师、同学进行交流时构建出体育课程学习共同体，从表现型任务中的创设问题情境转移到真实社会上的品行的发展。

（四）实效性评价

体育教学中重点追求的目标是运动效率和品质。实效性评价是指对学生从训练态度、运动表现、成绩进步等方面进行评估。比如在速跑训练时，由于挑战性比较强，对学生的爆发力、反应力、耐力、身体力量等都是比较严峻的考验，所以学生可能对其比较排斥。通过这些特点，所以教师在设计时要强调针对性，对学生进行评价分析时要周密而全面。比如，在速跑评价时，教师将学生的每一次成绩做纵向对比，通过观察其进步的幅度，来对该学生速跑整体的表现进行评价。或者，对于那些过于耗费体力的运动，教师可以不规定成绩要求，而评价其精神意志方面的表现。知晓了解教师的考评原则后，可以增强学生的积极性，通过教师给予的体育技能训练的要求和达标指数，学生可以得到更多的参考。

学生大多凭借兴趣来参与某项体育训练，在进行体育锻炼时，意志力是制约因素之一。所以，教师强调意志力是正确的，它有很多作用，能够调动学生的积极性，还可以帮助培养学生坚毅的品质。

五、高校体育教学中对教学环境的评价

（一）评价指标

1. 制度环境

在高校体育教学中，制度环境尤为重要，它影响着学校内体育的各种制度、法规。学校体育制度的约束力很强，它为学校内各项体育工作提供行动准则，同时也为体育教学工作提供了制度的保障，为教学确保了组织性、可行性和目的性。如表 2-4-1 所示，是制度环境评价指标。

表 2-4-1　制度环境评价指标

一级指标	二级指标	三级指标
制度环境	学校体育教学制度	体育教学信息制度、体育教学考核制度、体育教学组织制度、体育教学奖励制度
	学校体育管理制度	体育器材设施管理制度、体育课程安全管理制度、体育业务学习管理制度

2. 物质环境

在体育教学中，其物质环境也十分重要，对学校各种物质都会产生影响，比如体育设施、体育器材、体育运动场馆、体育影像资料等。体育教学活动能够正常开展的载体是其物质环境，无论课堂教学还是课外活动，它都是最重要的基础设施。它对于学生积极性、运动安全、运动效果等都会产生影响。如表 2-4-2 所示，是物质环境评价指标。

表 2-4-2　物质环境评价指标

一级指标	二级指标	三级指标
物质环境	学校体育教学设施环境	体育场地（馆）、体育设施、体育器材、体育教具
	学校体育教学自然环境	光照强度、空气质量、噪声、环境绿化、温度、湿度

3. 心理环境

在进行体育教学时，心理环境是很重要的。人们心中那种共同的心理倾向，它影响着学生们的学习积极性、课堂氛围。这种心理环境对于人们的心理、社会因素也都会产生影响，同时还影响着教学质量。比如，体育教学中的课堂氛围、体育教学的风气、教师与学生的关系、学生与学生的关系等。体育活动中的心理倾向，是指如天天坚持进行体育锻炼、比赛时永争第一等。如表2-4-3所示，是心理环境评价指标。

表2-4-3　心理环境评价指标

一级指标	二级指标	三级指标
心理环境	体育教师专业素质与能力	体育教师的个人素质、体育教师的教学能力
	学生体育学习心理与能力	学生的体育学习动机、学生的学习体育的积极性与主动性、学生的自信心、学生的意志力
	体育课堂环境	师生互动、生生互动
	体育时空环境	体育课时间、体育课时数、班级人数

（二）评价标准

（1）学校体育制度落实到位。体育教学环境对于体育教学质量影响很大，毕竟，学生们始终是在教学环境中学习的。所以，学校应该重视起来，成立专门体育教学环境管理小组，始终贯彻落实严格的体育制度。同时还应该联系实际，依据本校的实际情况和特色，创立建设方案。开会认真讨论体育教学环境中存在的问题，设计解决办法并认真执行。

（2）有完善的体育场地（馆）、设施与器材以及校园内的体育雕塑。在学校能够承受的经济状况内，选择较好的体育器材设施、体育场馆等。这不仅是为学生的安全考虑，也是为学校的体育教育考虑。体育场馆、器材设施以及体育雕塑等作为校园体育文化的一部分，能够给学生与教师带来积极的影响。还可以展现出学校体育教学的特色，显示出学校对于体育教学的重视。

（3）有健全的体育教师培养机制。体育教师是体育教学的重要人物，是学生的引导者。一个好的教师，对于学生来说终身受益。体育教师的体育知识与技能的功底及其综合素质，严重影响到体育教学的质量。所以要健全体育教师培养机制，重视对其的职前职后培养，增强其专业素质。

第三章　高校体育教学中文化融入的理论基础

本章内容为高校体育教学中文化融入的理论基础，主要从四个方面进行了介绍，分别为文化融入基础概述、高校体育教学改革中文化融入的作用、高校体育教学改革中文化融入的必要性、高校体育教学改革中文化融入的策略分析。

第一节　文化融入基础概述

一、文化概述

（一）相关概念

1. 文化

最早"文化"一词来自拉丁文"*culatura*"，意思是人类将大自然的事物创造成人类自己的事物。在不同时期，这一词具有不同的意思。大致可以将含义分为两种。第一种是指广义的文化，随着历史的不断发展，人类发明创造的一切物质和精神都是我们所谓的文化，有人称之为"大文化"，这种含义概念的重点是自然界与人类社会是具有很明显的差别的。第二种是指狭义的文化，它主要是指经过人类的聪明才智创造出来的精神上的结果，有人称之为"小文化"，其内容有信仰、宗教、道德品德、文学、制度等。"小文化"从属于"大文化"，二者是相互关联、不可分割的。

2. 中华文化

我们的文化是中华文化，还有一个称呼叫作华夏文化。它的含义是指在中原文化基础上经过不断演变而来的中华民族共同体文化。其中包含了很多内容，如中华古代传统文化、中国近现代革命文化、现代中国特色社会主义文化，已经形成了一个比较完整的体系。党的十九大报告指出："中国特色社会主义文化，源自于中华民族五千多年文明历史所孕育的中华优秀传统文化，熔铸于党领导人民在革命、建设、改革中创造的革命文化和社会主义先进文化，植根于中国特色社会主义伟大实践。"① 所以，中华民族优秀传统文化是中华文化的核心，中国特色社会主义文化是中华文化的最新表现形式。

（二）文化的特性

1. 无形性

文化看不见摸不着，它没有固定的形态。但是它能够被我们感知到，是客观存在的。这种说法可能比较抽象，简单举几个例子。比如，在无色的糖水中，我们看不见糖的存在，但是当我们用舌头品尝时，我们可以尝到甜味。我们生活的世界上，空气是必需的，它是我们赖以生存的物质，如果没有空气，我们就无法呼吸，无法存活。我们看不到摸不着空气，但是可以感受到它的存在，无时无刻不在呼吸着它。文化也是"无形"的，它具有隐匿性、抽象性、迁移性、导向性等，通过这些特殊的性质，它能够支配人类，具有极强的统摄与驾驭力。

2. 整体性

文化是一个统一的有机整体，非机械性的，它的各个部分之间是相互关联的，具有一定情境性。之所以说它非机械性，是因为机械性的物品可以直接拆开进行维修或者更换零件，然后一步步了解内部关系，深入了解此物品。然而文化的各局部之间、局部与整体之间是相互融合的、难以分割的。通过不同的目标，我们可以将文化进行各种分类，如物质文化与精神文化、科学文化与悖谬文化、精英文化与大众文化等。

3. 差异性

不同人所处的环境不同、先天身体素质不同、其认知能力知识水平也不同，所以在面对同一种事物，接受同一种文化时，也会有不一样的心理感受与思想观念价值观。就像同一个教室里的学生，即便接受同一个老师的教育，但是不同学生具有不同的性格、认知水平、家庭背景等，所以每一个学生所学到的东西的深度是不一样的，这就形成了每一个人不同的个人文化。

① 习近平.决胜全面建成小康社会夺取新时代中国特色社会主义伟大胜利——在中国共产党第十九次全国代表大会上的报告[M].北京：人民出版社，2017.

4.渗透性

文化虽然是无形的，但是它会潜移默化地对人们造成影响，影响着人们的认知水平以及思想观念价值观。文化通过各种知识为载体，渗透在各种物质中，具有极强的渗透性。由于各地文化不同，不同国家地区的人们对于同一种现象事物会有不同的具体认知。对于制度也是如此，一般情况下，不同部门或单位具有不同的制度，有些制度文化仅能在某一个部门使用，而不能通用。抑或者各类建筑，也可以来展示文化的意义。如，图书馆、外语角、北京大学的"五四广场"等。

二、文化育人

（一）文化育人的价值

1.儒家文化的育人价值

"儒家文化"是我国古代传统文化的杰出代表，也是中华民族传统文化的核心。中华民族传统文化的伟大复兴，便是以儒学精神作为思想核心。儒家文化的精神实质就是"自强不息，积极进取"的人生态度，"家国天下，以人为本"的道德风范，"天下为公，世界大同"的入世理想，"兼容并蓄，和而不同"的处事规范，"天人合一，内外兼修"的哲学理念，"躬行践履，脚踏实地"的实干作风，"格物致知，知行合一"的治学品性，"格致诚正、修齐治平"的宽阔胸襟，"克己安人，严以律己"的自我修养，"重义轻利，义利并举"的侠义风骨。中国儒家文化历经几千年历久弥新，源远流长，价值强大，而且，其创造的儒学思想拥有一套严谨的传播系统，如中国古代教育完备的系统安排："有教无类、因材施教"的教学理念；"礼、乐、射、御、书、数"等丰富的教学内容；"朝闻道，夕死可矣"的治学信念追求；"笃信好学，学优则仕"这一明确的教学目标；流行至今的人才应试选拔机制等。所以，我国儒学思想与文化正是通过这些严谨的教育系统进行传承和不断创新，又款款从历史走来，逐渐积累，沉淀、升华为比较稳定持久的我国民族传统文化中牢固的民族心理支撑，成为国人普遍信仰和遵守的公共道德系统和行为方式准则。

2.共产主义文化的育人价值

共产主义文化，经历革命战争年代，社会主义建设时期，历久弥新，到今天，仍然不断地影响着中华民族。它的含义是将马克思主义哲学作为基础，以马克思、列宁主义和毛泽东思想为行动指南，由中国共产党人领导的中国人民群众、中国各阶层的先进分子共同创造的、符合中国社会现实发展的、富含丰富民族革命精神、反映厚重民族文化内涵、代表民族文化正确发展方向的中国特色文化。在中国共产党领导下，我国人民经历二次国内革命战争、抗日救亡战争、人民解放战争等多次战争，艰苦卓绝、不怕牺牲，最终迎来了胜利，建立了新中国。在多次战争中，中国共产党始终坚持马克思主义科学理论，吸收并理解其理论知识，不断地进行实践、改进、活学活用，取其精华、弃其糟粕，在不断解决实际问题中，形成了我们中华民族独特的共产主义文化。同时，还延伸凝聚出丰富多彩、特色鲜明的文化精神，比如，具有地域性特征的文化精神：井冈山精神、太行山精神、延安精神等；具有事件性特征的文化精神：长征精神、大生产精神、东征精神等；具有思想追求性特征的文化精神：艰苦朴素精神、自力更生精神、实事求是精神等。通过不断学习、了解，这些精神也逐渐进入到人们的心里面，不断地激励着人们，增强了中华民族的凝聚力，为中国新民主主义革命的成功做出了贡献。即便到如今，它仍然深深地扎根在人们心底，不可动摇。对这些中华民族传统文化精神进行宣传时，要做到以下几方面：共产党人做出实际行动，身先士卒，不怕累不怕苦，给人们做好榜样作用；不断地传播中华民族的传统文化精神，增强人民群众的意识，认识到前辈们的伟大精神；通过参观革命老区、重走长征路等活动使人们亲身体验到革命的必要性和重大的意义；通过文化、歌曲等方面对人们进行思想动员和教育，激发出人们内心那汹涌澎湃的感受和情感。

（二）文化育人的方式

1.要明确社会主义核心价值

人们的认知、生产、生存等行为都不是无故产生的，而是每个人都有一个自己的基本出发点，而每个人的价值观就是其建立基本出发点的依据。因此，不同的人具有不同的价值观，这是人们具有差异性的重要因素。所以，在文化育人之前，首先要让人们明白什么是社会主义核心价值观，如何认识它，这是做一切精神文化育人的前提。只有当人们明确何为社会主义核心价值观、何为中华民族传统文化精神，才能知道如何理解，如何传承中华民族文化精神。当人们对其充分了解之后，便能够增加对传统文化的认同感和自信心，才能更加自觉地去传播和实践中华民族传统文化精神。

党的十八大精确地概括了社会主义核心价值观的主要内容，这是对于文化育人的基本依据。在国家、社会、个人三个层面对之后文化育人工作做出了清晰的重点阐述。

2. 在文化传承与发展中育人

文化的传承是以社会遗传方式进行的，它并非依靠生物与肉体的那种生物学方式进行传递，而是通过社会运行机制进行的。文化育人与学习体育知识技能不同，体育知识技能可以通过我们在课堂上的学习与运动实践锻炼来掌握，但是文化的培养并没有这么简单，它是一种隐性的培育方式。知识与技能是有形的、概念化的有一种独特术语理论的集合，而文化是内在的气质精神，是一种表现出来的气质。文化育人并不是一个孤立的过程，而是应该在一个良好的氛围中进行传承和发展，这个步骤包含文化的学习、认知、传播以及不断地发展创新。最开始的一步是传播与承继，它包含两个维度，即横向的各种社会范围内进行传播、纵向的在时间范围内不断地继承与发展创新。通过一系列的步骤，一步步完成文化的传播与发展，进而完成文化育人的工作。

文化还需要依靠学校的教育手段来进行传播与继承，从而完成文化育人工作。在学校中，教育就是通过教师的教习使学生了解所学知识技能的过程，简单来说，就是通过对文化进行创造来实现社会性遗传的过程。在这个过程中，首先对文化或者知识进行深入的研究了解、内化或再创造，然后将这些文化内敛于知识技能中，通过教育资料的形式将这些文化潜移默化地传递给学生。在开始的时候，教育者对知识进行重新整合处理时，就考虑了诸多目标，比如内里所含的文化知识是否丰富和准确；能否吸引学生的学习兴趣；能否引发学生的思考等。要想达到这些目标，就需要学生能够准确理解知识与文化，同时引发内在的思考，这样才可以更好地实现文化的育人价值。

3. 重视渗透性文化教育

文化不是孤立存在的，它有很多载体，通过人类活动发明创造形成的各种事物、知识、技术。教育是有目的性的、有方向性的对人才的培养活动，培养人才是为了国家的政治、经济、文化等方面进行服务与建设。而文化育人是无形的、渗透性的、隐性的，文化育人融入了人类的所有活动中，包含着文化育人的要求。

在学校教育中，要成功实现文化育人的目标，其关键在于两个方面，教师与教学内容。

第二节　高校体育教学改革中文化融入的作用

一、提高学生的文化素养

无论是传统文化还是红色文化，都蕴含着丰富的精神文化。在传统文化中，蕴藏了丰富的人文精神，这些人文精神对学生的成长有着很深的影响。比如，"仁者爱人"的人道精神表现了传统文化中的善良的品质，"天人合一"的精神境界表现了最终实现的目标。同样红色文化中的艰苦奋斗、勇往直前、不畏牺牲的爱国主义精神更是深深地影响着学生。学校要不断培养学生，文化育人，增强他们的人文素养，坚持人文精神，培养学生的爱国主义情怀，提升自觉性。从内到外各个方面不断地创新内容，培养学生，使学生能够具有内外兼修的文化与精神品质，全方位发展。

二、丰富体育教学的内容

中华文化是中国人民群众经过长期历史的洗礼遗留下来的宝贵财富，将中华文化融入高校体育教学中的理论课和实践课中，将中华文化中蕴涵的精神文化和物质文化传递给学生，丰富了高校体育教学的内容。

三、促进了文化的传播和发展

现今社会，西方文化不断传入我国，给中国传统文化带来了不小的冲击。要改善这一局面，就需要不断地宣传我国的传统文化，来抵御国外文化的入侵。学生是祖国的未来，是中华传统文化的继承者，他们有责任有义务去传承和发扬我国的传统文化，承担起我国文化传播与发展的使命。在体育教学的课程中融入我国的传统文化，能够使学生充分地认识和了解中华文化，还能更好地对中华文化进行传播与发扬。

四、培养学生的民族精神

体育和德育虽然属于相异的教育范畴，但是二者之间存在一定的融通之处，彼此相互弥补、相互渗透。高校体育教学对培养学生的集体主义精神、英雄主义精神和爱国主义精神，具有十分重要的意义。这三种文化精神都是我国文化的宝贵财富，是在长期的尝试与实践中不断发扬的，其主要来源是中国传统儒家文化。但是，在中国近代史上，民族精神在革命奋斗史中更是得到了充分的体现。时代在不断地改变与发展，高校体育教育作为一种独特的文化传播方式与社会实践方式，对于培养大学生们的民族文化精神有着重要意义。因此将文化融入高校体育教学中，能够进一步培养高校学生的民族精神。

第三节　高校体育教学改革中文化融入的必要性

一、提升国家文化软实力的需要

对于一个大国来说，活泼鲜明的文化气质和鲜活的民族个性是必需的。一个国家要想在世界范围内获得话语权，就要看它是否是文化大国。何为文化大国？这要看它是否能够引领人类世界的文明发展方向，还要看是否能够塑造和创新先进的价值观，以及是否能够始终保持强大的影响力。要做到这几点，需要保持强烈的文化自信心，并且在发展中不断地追寻与完善优质文化，不断增强本民族的自信心，并且能够对他们起到教养作用。当然，如果一个国家没有自己的传统文化，没有信仰、社会浮躁、奢靡成风，那么他们就会丧失民族自信心以及前进的动力。

高校体育教学质量中融入传统文化是传播我国传统民族文化的途径，培养了一批批具有我国社会主义特色的接班人。所以，在构建我国体育教学体系的时候，切记不能全面西化、照搬照抄西方的教学体系，不要失去对我国传统文化的自尊和自信，更不要对西方文化的入侵失去警惕和自觉。而是应该取其精华、去其糟粕，不断吸收西方先进的体育文化，同时注意改进那些与我国传统文化相悖的精神思想内涵。同时，不断地挖掘、整理与创新我国的传统体育文化，将它在体育教学中不断传承渗入，使我国的学生始终要在民族传统体育文化的教养之下。

二、促进体育文化发展的需要

无论是我国还是西方的体育的兴衰与发展，以及其主导地位的确立，都与我们常说的丛林法则相类似。在体育的不断发展过程中，其中有着许多种不同的体育项目或内容，组成了体育文化中的"丛林生态"。其中，不同种类的体育项目之间互相挤压生存空间；而每一种不同的体育项目又受到整个体育文化适应性的影响；每一种体育项目还受到它属于的、上位的社会文化系统的影响。强势的体育项目不断挤压着弱势体育项目的生存空间，抑制着弱势体育文化的发展。这个时候，如果要发展弱势体育文化，那么就首先需要为它开辟一个优良的生存环境，给予它足够的文化自尊、自信，增强它的文化认知水平，在科学条件下不断地发展运行。

在我国，体育文化尽管也是社会文化的一部分，但是我国的专家学者并不愿意谈及或关心，它在我国的地位相对而言比较低。这种将体育文化作为低等文化的意识是十分不可取的，若要想发展我国的体育文化，就必须解决这种错误意识，提升拓展我国的文化视野。所以，我国在大力发展体育文化之前，必须要拥有一批具有广阔文化视野、认真研究体育文化、拥有文化发展战略眼光的领导，同时还需要一批专注研究体育文化活动、开发推广体育文化实践的体育家。这种良好的体育文化氛围正是我们现在所缺乏的。高校作为体育文化的承载者之一，有必要将体育文化与体育教学结合，从而推动体育文化的发展。

三、高校体育课程思政建设的需要

在《体育强国建设纲要》中确切提出了要努力弘扬中华的体育精神，这是在2019年8月由国务院办公厅发布的。挖掘我国的传统体育精神，然后将它融入社会核心价值体系中，促进对于青少年的体育计划的全方位开展，并且教育、政府、学校部门的考核内容要将学生的健康水平加入进来。我国的体育发展史是不断进步的历史，从"一个人的奥林匹克"到"百年奥运梦想成真"，从"体育大国"再到"体育强国"。与外国体育相比，我国的体育并不仅仅只是单个运动员的个人荣辱和某个体育项目的兴衰，更多的是展现了中国人民的健康水平的提高、国家的形象以及中华传统民族精神的凝聚。如今我国的学校体育教育主要围绕着学生的身体健康水平。大学生是我国的创建者和接班人，所以，培养其良好的思想道德品质以及思想价值观尤为重要，有益于国家和社会的健康发展。将思想政治教育与体育课程联合起来，对学生进行思政目标的教育起到一个实践的作用。

　　党中央历来高度注重要以文化铸造强国之路、以体育强健全民之魄、以精神引领思想之舵，精神力量能够大力增强我国的软实力。党的政策提出，要始终弘扬、挖掘中华体育精神，然后将中华体育精神融入社会主义核心价值观体系建设中，精心呵护和发展体育公益活动，以及慈善和志愿服务等。中华体育精神是中国精神在体育领域的直接体现，它在凝聚力量、传播体育价值等方面具有重要作用，在体育强国战略中具有十分重要的地位。中国精神的来源历史悠久，源头是中华民族传统文化，它代表着在体育领域中国人独有的精神面貌和运动色彩，还体现了我国体育人始终坚持着的理想信仰和道德水平。相对于枯燥乏味的其他知识，体育是学生们比较容易接受的一种活动方式。因此，可以使用它来作为思想政治工作开展的一种形式。体育精神包含在中华民族传统文化之中，这种精神是一种隐性的价值，有着启发、影响、教育等诸多的思想政治方面的引导作用。利用体育精神中的这种引领作用，将思想政治教育与中华体育精神结合在一起，能够促进学生身心健康成长，同时还能够提升学生的思想政治水平，更加全方位地提高学生的综合素质。运用体育活动这种形式，培养大学生的中华体育精神以及思想政治水平，更加全面地有利于学生的身体与心理上的健康成长，促进社会与国家的稳定快速的发展。

第四节　高校体育教学改革中文化融入的策略分析

一、提高教师的课程开发能力

　　文化融入视角下，高校体育教学改革中需要不断创新教学方法、开发新的课程体系，这就对高校体育教师提出新的要求。目前，高校体育教师的开发创新能力普遍较差。因此，高校要想开发出融合发展的新课程，就必须提高教师的开发创新能力。各级教育部门应该通过各种方式来增强教师的创新思维，加强体育老师与历史文化老师的不断交流，从而不断地增强体育老师的开发创新能力。同时，对于开发创新能力比较强的老师，可以开展教学观摩和教研活动，对于创新能力较弱的老师，对他们开展教育培训，增强其专业知识技能，从而不断提升体育课程开发创新能力。

二、扩大师资队伍，提高教师的文化素养

国家大力开展高校的体育教育改革，将民族传统文化融入高校体育教学中，目前遇到了一些瓶颈问题。主要是师资力量不足，体育教师较少，难以将体育教学与文化融合在一起。另外，现在高校的体育教师文化素养普遍不高，对于高校体育教学与文化的相融又是一个难点。一方面，要想真正地完成体育教学与文化的融合，必须要增强师资力量，这样才能够使学生切实感受到中华传统文化的博大精深，在体育训练学习中不断地了解中华文化、每一种文化的内在含义，以及传统文化的漫长发展历程，现阶段中华民族文化的发展与成熟现状。另一方面，要提高高校体育教师的文化素养。部分高校体育老师专业技能过关，但是其文化知识的储备不足，导致难以开发文化与体育教学的融合发展课程，因此，要提高体育教师的文化素养，提高高校体育教师的文化知识储备量。

三、将传统文化与体育知识有效整合

在体育训练技能开展过程中，需要体育文化、知识的支撑。不同的民族有不同的文化，在体育训练过程中，将中华民族优秀传统文化融入体育教学知识中，可以增强体育教学的趣味，同时使学生了解到丰富多彩的民族文化。这种全新的教育模式，也能够促进体育教学模式的创新与改革，增强学生的学习兴趣，促进学生在趣味性中不断地学习，同时还可以提高教师的教学水平。不断将体育知识与中华传统民族文化整合起来，融为一体，增强学生们的文化自信心，使之身心健康发展。

四、营造良好的融入环境

学校是体育教学的主要场合，同时也是传播文化、育人的主要地点。要想在校园中不断地传播中华传统文化的人文精神、思想与道德观念，以及体育文化，将它们不断与高校体育教学融入，重要的是要建设好校园的软硬件。比如，在宣传方面，利用校报、校园宣传板、校微信公众号等平台开展宣传，增强文化传播的影响力，加强基础设施的建设，给文化与体育的融合提供优良条件。另外，还要改善校园外社会的文化环境。一般，大部分体育活动是从校外即社会上开始进

行的，这些校外的体育活动的影响力比较大，在广泛传播中，开始引入校园。社会是学生成长的外部环境，校园是学生成长与学习的内部环境，其中，社会更加有着弘扬中华传统文化的责任。所以，要不断改善文化教育与传播的环境，大力扶持体育与文化相关领域产业，给体育教学与文化融入带来社会性支持。

第四章 高校体育教学中文化融入的实践探索

本章内容为高校体育教学中文化融入的实践探索，主要从三个方面进行了介绍，分别为红色文化与高校体育教学的融合、民族传统体育文化与高校体育教学的融合、中华优秀传统文化与高校体育教学的融合。

第一节 红色文化与高校体育教学的融合

一、红色文化

红色文化是我国的一种特殊文化，它代表着特殊含义。在不断的革命斗争中，中国共产党历经一系列磨难，力争中国民族的独立与人民的解放。在这个过程中，逐渐形成了一种有教育与政治双重功能的特殊文化，这就是我们所说的红色文化。它的特殊性反映在，它是我国独有的，符合我国历史、国情的文化，它融合了马克思主义理论，并与中国实际结合起来，显示出我国人民的理想与精神追求。在艰难的历史进程中，中国共产党与广大人民群众将不断地实践与自己的经历结合起来，共同形成了红色文化。它展现了中国共产党的发展历史进程，其中还蕴含了中国共产党的伟大精神。社会在不断变化，文化也在不断发展，但是无论如何，红色文化的底蕴不会变，它始终是先进的优秀文化的代表。红色文化在当今仍然具有深刻的现实意义，我们要继承并不断地宣传弘扬它的精神，为之后的社会主义建设添砖加瓦。对于当代大学生来说，红色文化具有丰富的内容、深刻的思想内涵、引领性的精神以及多样的教育形式，在思想政治方面具有先进的引领执导作用。

红色文化大致可分为三个方面的内在含义，即制度层面、物质层面与精神层面。党在革命战争与建设时期形成的纲领、体制、方针路线等，展示的是制度层面。红色思想、红色观念以及红色精神等是指红色文化在精神层面的主要表现形式。领导故居、烈士陵园与重要会议遗址等都是红色文化在物质层面的体现。

二、红色体育文化

（一）内涵

红色体育文化是上述所说红色文化的一个分支，它是体育实践活动在文化上的载体。它区别于其他文化的特殊性是它的底色为"红色"。那么，底色为红是否有什么特殊含义，我们要搞清楚这一点。红色，在我国，从古到今一直是喜事、积极乐观的意思，在我国，这是一种热情奔放、积极乐观的颜色。红色体育文化也具有特殊性，它是区别于其他国家体育文化的标志。它的内容由这三种互相结合，即制度文化、精神文化、物质文化。中国共产党在艰苦卓绝的革命斗争中不断摸索创造出来红色体育文化，它是中国独有的一种特色文化现象。

红色体育文化是中国共产党在不断摸索中创建出来的，其中继承了先辈的伟大精神。红色体育资源是在革命战争时期的体育实践中形成的，并且能够作为我们今天开发利用的精神及其物质载体的总和。如今，红色体育文化可以作为一种极其重要的资源，它包含两种，物质文化和非物质文化。其中，物质文化主要表现在红色体育遗址、文字影视资料、文物等方面。非物质文化主要表现在红色体育的精神和故事等。另外，红色体育精神的内在含义大致为艰苦奋斗、实事求是、追求理想等等。红色体育文化是指在马克思主义思想的指导下，中国共产党在新民主主义革命的实践过程中，那些人民群众和先进分子在进行体育实践活动的过程中，表现出来的艰苦奋斗、英勇斗争、无私奉献等伟大精神。

（二）发展历程

1. 萌芽阶段（1921—1926 年）

在中国共产党刚刚成立的时候，就深刻了解到体育的本质，并且使用体育的先进思想，成功指导了红色体育服务革命事业。1917 年毛泽东在《体育之研究》中论述"体育"增强国民体质的重要价值，堪称中国红色体育思想的萌芽，在红色体育的发展中起到核心作用 ①。1922 年李大钊在《五一纪念日于现在中国劳动界的意义》中谈到 "人靠活动才能生存" "游玩不是奢侈的事，乃是必要的事" ②，目的是唤醒工人阶级强身健体的意识，鼓励工人们展开体育健身活动。该时期成立了安源俱乐部，这个俱乐部以安源红色体育为代表，其目的是使人民群众团结一心、教育群众、为革命培养更多人才。这个俱乐部主要做的内容是关于安源职工的文化体育活动，并且开展各种各样形式的体育竞赛活动，目的是为 1927 年发动的一系列武装革命输送大批身强体健、意志坚定的青年。在农民体育方面，红色体育的先行者恽代英 1924 年在《中国青年》发表题为 "预备暑假的乡村运动" ③，文中鼓励年轻的学生们要在暑假期间深入到农村里面去，要关爱贫苦的农民，和农村的小伙伴一起参加体育活动，增强交流。这一时期体育使党和人民群众之间的关系变得更加友好，同时也壮大了革命队伍。中国共产党初创时期的红色体育思想尚处于萌芽阶段，红色体育实践也未形成规范、科学的组织体系。但是该时期的红色体育打破了阶级局限性，唤醒劳苦大众的体育健身意识，也为土地革命时期的红色体育实践奠定思想和实践基础。在这一时期，红色体育的思想仍然处于萌芽的阶段，实践活动也未成规范化、体系化。但是，这个时期的红色体育使劳苦大众也参与到体育活动中来，打破了以前的阶级局限性。

2. 发展阶段（1927—1936 年）

1927 年中国共产党为应对国民党反动派的围追堵截，坚定带领广大中国人民进行武装革命，并提出 "锻炼工农筋骨，战胜一切敌人" 的体育方针 ④。在这个方针的指导下，中国共产党组织军民甚至妇女和儿童进行体育运动，让普通劳苦人民也可以有参加体育运动的权利，逐渐扩大革命的队伍。红色体育快速发展是在土地革命时期。在这之后，红色体育不断地一个个诞生，井冈山、红军长征、中央苏区等，其中苏区是经历时间最长、发展规模最大、进展最成熟的群众体育地点。随着群众体育的不断发展，中央在许多地方开始建立起俱乐部和列宁室，在有条件的地方甚至可以打篮球、乒乓球等体育活动。在 1933 年江西瑞金成立赤色委员会加入国际赤色运动组织，举办了中华苏维埃共和国 "五卅" 赤色体育运

①、④．史进，刘晓莉. 中国红色体育：1921—1949[M]. 北京：人民日报出版社，2016.

②　李守常. 五一纪念日于现在中国劳动界的意义 [N]. 晨报副刊，1922-05-01（001）.

③　恽代英. 恽代英文集：上卷 [M]. 北京：人民出版社，1984.

动会，标志着群众体育赛事举办逐渐专业化、组织化，同时农村群众体育实践也步入正轨。1934 年中央教育人民委员部制定的《俱乐部纲要》提出，偏僻的乡村可以进行一些简单易学的运动项目，例如，跑步、踢毽子、放风筝等。而且除现代体育项目外，也可以运用象棋等益智类的传统方法。此外，妇女体育得到一定发展。例如，1933 年福建省举办全省赤色体育运动大会，有 10 多名女性选手参加比赛，标志着我国妇女体育受到了应有重视。土地革命时期的红色体育取得一定成绩。首先，为粉碎国民党的军事迫害，号召广大工农群众开展以"强健筋骨、战胜敌人"为目的的体育活动。其次，随着时间发展，从中央到地方，红色体育形成了一整套完备的体育组织管理机构，红色体育的组织渐渐成体系，给之后的体育活动、赛事等的开展提供了组织保障。最后，红色体育活动有很多种形式，能够起到很大作用，磨炼了军民的身体素质和革命意志，同时还丰富了军民的精神文化生活。

3. 成熟阶段（1937—1949 年）

此时正值中国的危急存亡关头，抗日战争全面爆发时期，此时红色体育的基本方针是"锻炼体魄，好打日本"。在全面抗战和解放时期，在这一方针指导下，红色体育逐渐发展到达顶峰。一方面，此时政府媒体等对群众体育有较大关注，群众体育得到较大的发展。1937—1942 年组建了负责军民体育活动的延安体育会等专门机构，不断地督促军民养成锻炼训练的习惯。在比较偏僻的农村地区，中国共产党考虑当地的民风民情，采用更加有趣味性的体育活动来增强对于群众的吸引力。另一方面，由于延续了苏区体育传统，在这一时期的女子体育得到了更好的发展。此时的红色体育承继了之前苏区的体育传统，在组织机构、组织形式、方针政策等方面更加规范专业。红色体育给群众普及群众体育的重要性，同时也是捍卫国家的武器，给我国的体育事业聚集了经验，也是为之后的发展提供了参考。

（三）当代价值

1. 发扬红色体育精神，塑造全民爱国主义情怀

在当时中华民族危难存亡之时，红色体育文化诞生了。它对于中华民族有着独特的意义，具有十分鲜明的群众性与革命性。在不断发展与改进中，凝结出集体主义、爱国主义等红色体育精神，激发出人民群众的民族与爱国之情。

在当前社会主义现代化建设的新时期，我国仍然还存在着国内外的威胁，而且还越来越严重。在这个情况下，必须培养人民大众的爱国意识和民族意识，团结起来，共同协作，为国家而不懈奋斗。通过不断地承继与发扬红色体育精神，培养学生的爱国之情，使他们意识到爱国情怀的重要意义。

2. 传承红色体育基因，建设中国特色体育文化

2019 年 9 月 2 日国务院办公厅印发《体育强国建设纲要》，将体育文化建设工程作为体育强国建设的重要战略任务之一①。红色文化的重要组成部分就是红色体育文化，继承红色体育基因、延续红色血脉是当今新的历史时期下的重要措施，对于我国的特色体育文化的建设有很大作用。

红色体育文化具有极其丰富的内在含义，同时也做出了一些成果。下面，我们从三个方面来讲述红色体育文化的发展历程。从物质层面来看，一开始革命形势比较严峻，只能就地取材、不畏艰辛，使用简陋破旧的体育场所与设施来开展各种体育竞赛活动。从制度层面来看，党中央制订了正确的政策与方针，引导军民参与体育运动项目，并逐步规范发展。从思想与价值层面分析，自五四运动萌芽时期，红色体育文化就显示出了启蒙和救亡图存的特点。在当前这个时代，群众体育变得越来越重要，是国家强盛起来的基本。随着红色体育精神的引领，应该不断加强社会主义现代化建设。

3. 激活红色体育元素，丰富群众体育内涵建设

红色体育文化中有一个物质符号，叫作红色体育元素，在里面包含有厚重的文化与时代的背景。将它激活并融入当前的国内群众体育中去，能够推动群众体育事业的不断发展。

一方面，现在已经是新的时代，红色体育文化的内在含义应该随着时代的变化而改变，将新时代的内在含义赋给红色体育文化，使它仍然引领着群众体育走进新的征程之路。在那个战火纷飞的时代，人民群众使用体育活动互相联系团结起来，增强人民大众体育锻炼的意识，同时培养人民的革命思想。到了新时代，体育的目的已经改变了，是满足人民的美好生活的手段，现在，应该将新时代的内涵赋予红色体育，引领全民体育健身的建设。另一方面，红色体育文化给发展

---

① 国务院办公厅 . 国务院办公厅关于印发体育强国建设纲要的通知 [EB/OL].（2019-09-02）[2021-10-04].http://www.gov.cn/zhengce/content/2019-09/02/content_5426485.htm

着的群众体育增加了新的内涵。在群众体育活动中开展过程中融入红色体育元素，或者创造出全新的红色群众赛事品牌，这给群众体育增添了新的活力。例如，将红色文化融入城市马拉松运动中，提高了参与者的积极性以及活动的关注度，促进群众体育竞赛活动不断向前发展。

在当今新的时代，在群众体育活动中融入红色体育文化，具有很多种作用，能够提高人民的身体素质，同时还能够锻炼人民的意志，使之做一个身心全面发展的人，还给我国的强国建设添砖加瓦。

（四）历史价值

中华民族的历史上下五千年，这是我们宝贵的精神财富。自古以来，我们都始终非常珍视历史。龚自珍说："灭人之国，必先去其史。"这足以证明历史对于一个国家、一个民族的重要性。如果没有历史，那么我们就没有了过去，就失去了根基。一个没有根基的国家就是水上的浮萍，不堪一击。如果没有历史，那么只能模仿其他国家的文化与发展方式。一个国家的现在很容易被那些其他国家的文化侵蚀，长久以往，从而操控整个国家的未来。在我国，红色体育文化具有很浓厚的历史价值，它的核心是体育为民，我们应该取其精华然后大量运用。

第一，提高身体素质，确保作战实力。为了满足当时革命战争的需要，一个体育方针被提出来，那就是"锻炼工农阶级铁的筋骨，战胜一切敌人"，这一方针是针对苏区的体育工作提出来的。战争是艰苦卓绝的、长期的，在这个过程中，毛主席提出一个思想"锻炼体魄，好打日本"，目的是让军队和民众要好好锻炼，训练自己强健的体格，同时还要保持高度旺盛的精力。这种将军事锻炼和体育结合起来的活动，备受重视，在全军上下进展开来。在锻炼过程中，不仅提高了军事战斗的能力，同时使军队与民众的身体素质都得到了训练，是之后战争能够得到胜利的一个重要因素。

第二，军民关系比较融洽，军民一体，团结一心。在当时那个硝烟弥漫的延安时期，中国共产党不断组织扩大人民群众武装，这个时候的体育核心是全民抗战。在抗日战争与人民解放战争胜利的时候，边区体育运动的重要组成部分就是在战斗休整之时，开始重视军事训练与体育活动结合起来。在这个过程中，军民一心，群众也很乐意参加，在不断融入训练中，共同完成这个军事与体育结合起来的运动。

当举办运动会时，场上欢声笑语不断，展示出一种和谐欢乐的美好氛围。这个时候，各个乡村已经基本上普及了体育运动，大家团结起来协同作战，在战争中起到了重要作用。

第三，给人们带来宝贵的精神财富，丰富了人民的精神生活，成为当时军民的精神支柱。在当时，中国大地上战争肆虐、河山破碎，人民群众时刻处于恐慌之中。红色体育文化给人们带来了精神支柱，增强了群众的体能，同时还强化了人们的心理。在华中根据地，由新四军开展体育运动项目，丰富了人们的精神生活，给人们带来了欢乐与自信。同时，在体育活动不断发展之时，妇女也迎来了解放，她们摆脱了以前那种旧观念的束缚，开始被与男子同等对待，以前的那种旧制度和旧思想也将从根本上被推翻。这些不断发展的各地体育活动，增强了军民的身体素质，还激励了他们的精神，成为当时人民的精神支柱。

第四，随着体育活动在各地不断开展，体育专业人才也不断被需要，给体育的发展带来了众多的人才。比如，延安大学体育系的前身是当时陕甘宁地区毛泽东青年干部学校里的体育训练班。在人才教学过程中，互相学习，团结协作，共同完成体育学习任务。在体育训练班的学习是培养体育人才的途径，为之后体育事业的发展提供了源源不断的人才。

第五，给我国体育的发展打下了坚实的基础。我国的红色体育文化在五四运动前后开始出现萌芽，在中央苏区完成，在延安时期逐渐成熟。在我国的体育史上，红色体育文化的历史地位十分特殊。它的推广与普及带给广大人民群众参与进来的机会和兴趣。在领导的不断强调发展之下，它不断地传承发展，有利于之后的体育事业全方位发展。毛泽东曾经在我国体育联合会成立之时题词，给中国体育事业指明了方向。沿着这个思路不断前进，在战争时期的体育的经验下，中华人民共和国成立后体育也在不断发展。同时新中国成立后的体育事业还是当时战争时期体育活动的提高和升华。

三、红色体育文化与高校体育教学的关系

从新民主主义革命时期到社会主义社会建设时期，在中国共产党与人民群众的革命精神的传承与影响之下，不断地组织安排与发展众多体育文化活动。这些体育文化活动带来了许多物质与精神上的财富，这便是红色体育文化。在红色革

命时期，各个产业领域都有它的身影，如生产、军事、教育、救亡运动以及精神文化等等。将革命战争时期的那些红色文化元素融入体育竞赛活动中，将那些爱国主义精神、自我牺牲精神以及具有教育和健身价值的理念不断通过体育活动传播给人们，使人们能够承继先人的伟大精神并将之发扬光大。人们通过接受革命教育继承和发展革命先辈的不朽精神，这种精神是高校体育教学与红色体育文化联合起来的黏合剂，促进了二者的联结。同时在不断地承继发展与开发创新结合的探索道路上，创造出了现如今我国的社会主义核心价值观。在我国的体育教学中，将红色体育文化元素与高校体育教学相融合，丰富了体育教学的内容，同时也创新了原有的体育教学的方式。既能够激发学生的学习兴趣，同时也使学生们受到红色文化的熏陶。通过不断学习，学生可以提高自己的道德修养，深化爱国主义思想，激发出艰苦奋斗、求真务实的精神。将那些具有教育意义的真实事件加入高校体育教学资源中，这些红色体育文化元素都是取材于真实的历史事件，其在文化上拥有一些知名度，更容易被学生理解。

四、红色体育文化与高校体育教材的融合

（一）红色体育教学内容的选编

体育教材的入选是极其严格的，必须经过严格筛查并加工改造后才可以进入到教材体系内。它部分内容来源于体育素材，从许多红色体育素材中，根据特定的选编原则，挑选出适合的素材编入体育教材中。所有的体育教学内容与手段的选择最终都是为了实现体育教学的目标。所以，在选择教学内容时，应该选择能够实现体育教学目标的，并且与学生的身心健康相符合的，具有高性能安全性的体育教学内容。另外，在全国普通高等学校体育课程教学指导纲要的颁布实施中指出，对于体育教学的课程目标可以划分成五个学习领域，即身体健康、运动参与、运动技能、心理健康、社会适应等。从体育素材到体育教材，首先要观察对不同体育内容的取舍与甄别。

（二）红色体育教材内容的选编原则

从课程目标出发，延展到身体健康、运动技能、心理健康等五个目标领域，不断地进行统筹规划，筛选素材。普通教学目标与红色体育教学基本上相同，那

么在红色体育课程中，最终的教学目标应该是：增强学生的运动锻炼技能与积极性；保持学生身心健康，培养集体责任感；增强人际交往能力与团结合作能力；保持良好的乐观进取的生活态度。所以，在选择红色体育教学内容时，要始终记住与教学目标相同。在选择红色体育教学内容时，要考虑学生的兴趣，能够给他们带来趣味性；要能够增强学生的身体素质，强身健体；能够提高学生的知识技能水平，具有知识的厚度。要重视的问题有很多，但是不能顾此失彼，而是要全面专业地满足目前的教学目标，使学生身体、心理、社会适应等各个方面全方位发展。

1. 科学性原则

在纲要中指出，红色体育教学课程内容的指导思想是健康第一，始终要保持安全性的原则。科学性原则中包括了安全性原则，以及健身性原则。所以，在红色体育教学活动中，选择的体育活动一定要是安全的，且能够增强体育运动技能与锻炼的提升。

2. 趣味性原则

要选择的体育内容应该是趣味性比较强的。因为体育锻炼过程中的愉悦感能够刺激学生对下次体育活动的内容产生期待，这能够增强学生的学习兴趣，便于他们更加愉悦地学习与运动。

3. 教育性原则

在进行体育课时，由于耐力、持久力等问题，一些学生可能会力有不逮、半途而废。将红色文化元素融入进去，红色体育课能够使学生勇敢地正视困难，与之斗争，从而克服、战胜困难。在学习革命故事时，学生们能够了解到革命先辈的不朽功勋，承继与发扬其中的伟大精神，对于学生的文化教育起着重要作用。

第二节　民族传统体育文化与高校体育教学的融合

一、民族传统体育的概念和内涵

中华上下五千年的悠久文明和历史给予了我们高度的文化自信，其中也表达了对民族传统体育的高度认可，根据专家的观点，我们要自觉地坚持对民族传统体育的发展和传承，努力发扬民族传统的体育文化。在中国的文化体系中，民族传统体育文化作为中华文明遗存的积淀，在那个文化积淀的特殊时期，担任了主要载体，在提高国民整体素质方面包含了精神意识需求和物质身体两方面的内容，在少数民族聚集生活的地方，民族体育文化的形成大多依据当地的文明历史、地形地貌以及宗教信仰等本土特色，围绕着少数民族人民的日常生活、生产来进行发展和演变，在一代又一代的传承中展现自身价值和魅力。

首先要明确民族传统体育概念，这对我们的研究非常关键。经过全面的分析，专家学者们一致认为，民族传统体育的具体项目应该从国民日常的生产生活中喜爱的传统运动中挑选，而这些传统的运动又是在千百年间各民族的文化发展和传承中不断地演变，它们取长补短、互相融合，于是各民族的传统体育活动在历史的长河中慢慢具有了各自的特色和亮点。所以，我国民族的传统体育的概念范畴和内在价值愈加广泛，在发展和传承的过程中不断向周遭延展。正所谓"生命在于运动"，不光是中国，全世界各地的不同国家、不同民族都热衷于各式各样的体育运动的发展和挖掘，西方人民的文化历史、宗教信仰和地域地形与我们千差万别，文明和环境等因素使得他们组建的传统体育活动也具有各自的民族特色。以古代中国人为例，北方地域辽阔，因此北方民族大多擅长骑马射箭，比如蒙古族地区多草原，马术和弓箭自然而然就成为当地人民喜爱的运动，甚至在藏族还有牦牛比赛；而南方多河多水，舟船是他们日常的交通工具之一，因此，划船就成为南方人喜爱的传统体育运动。由此可见，地域环境因素不仅影响人们的日常生活、工作，也在一定程度上决定和限制了传统体育劳动的种类，基于人类学的视角来看，各个民族的繁衍生息直接影响了民族传统体育的项目，如与民族繁衍有关的体育运动有：朝鲜族的跳板活动、黎族的跳竹竿活动以及西南地区少数民族的丢包等。项目的种类大多来自人们日常从事的劳动和生产活动中，还有一些特殊体育运动还带有军事意味，如与生产和抗灾有关的体育运动：苗族划龙舟、回族掼牛瑶族跳鼓。

总而言之，在民族文化风俗和地域地貌等自然因素的影响下，我国各个民族的传统体育在发展和传承中，汇集了该民族区域内一代又一代人民在生活和生产中提炼的精华元素，朝着民族特色方向不断地演变。因此，我国民族体育运动中蕴含的文化底蕴和精神气魄都是积极向上的，作为竞技类运动，更在无形中为整个民族树立了顽强拼搏、力争上游的精神意识。民族传统体育对民族的振兴和崛起也起到了积极作用，在激发人民潜力、提升民族文化自信和自豪感方面做出了巨大的贡献，带领人民合力打造民族命运共同体。

二、民族传统体育的特性

（一）健身性

在中国独具特色的人文因素和地理因素的综合影响下，与西方近现代的体育活动相比，民族传统体育最直接的体现就是它的健身功能。在中国古代封建统治下，神学的倡导使得百姓们敬畏天地，人们在农耕社会中自然而然地养成了勤劳朴实、尊重自然的美好品德，后来，儒家文化的"清静淡泊、天人合一，重个人静心修身养性以求祛病延年"这一思想追求更加提升了中华民族的整体素质，人们开始热衷于在养生、保健等方面深入探索，为中华民族的传统体育文化增添了显著的气质特色。根据上古文学资料的记载，尧帝时期的中原地区由于特殊地势特征以及疏水渠道、堤坝等公共设施的不健全，黄河水经常在汛期肆意泛滥，频繁的水患与中原特殊的气候使得人们长期生活在潮湿闷热的生存环境中，久而久之，很多百姓出现了胸闷气短、手脚浮肿的症状，当时的大夫和治疗手段无法立即解决这个问题，在与疾病不断抗争的过程中，人们发明了一套名为"消肿舞"的体操，据说该体操的原理是加快血液的流通速度、放松筋骨，可以有效地缓解胸闷气滞、肢体浮肿的症状，从而达到强身健体、延年益寿的效果。

行气、导引和按摩术作为古代养生保健主要领域，为我国古代体育的起源和发展奠定了基础。所谓行气，又称吐纳术，我国的历史典籍里并没有关于吐纳术具体起源时间的记载，而关于"行气"的方法则可以参照收藏在天津历史博物馆里的古籍文献《行气铭玉杖首》，迄今为止，该文献是我国已发现的最早记载"行气"的典籍，书中总结了40多字的"三字诀"，归纳介绍"行气"的方法要领以及"行气"的功能作用，但是在有限的篇幅下只能简单地描述"行气"的原理，没有以实际病况为例的拓展和延伸，行气术进一步发展的记载则是在1973年出土于长沙马王堆汉墓的《却谷食气篇》。同时，在长沙马王堆三号汉墓出土的《导引图》中，人们第一次解开了"导引术"的面纱，书中描绘了古代人民进行各种锻炼的场景，他们有的徒手，有的手持器械，40余人一起进行体育运动的场面给人隆重的感觉，可以从中体会出古代人民对传统体育运动锻炼的热爱和重视。"导引术"作为养生的重要手段之一，在我国古代的发展自汉代起走向昌盛，多年经久不衰，这一点可以从很多历史典籍中获悉，例如收藏在中医研究院的《导引图》、南宋时期流传的《文八段锦》以及发掘于敦煌藏经洞的《呼吸静功妙诀》等都详细地记载了"导引术"的方法要领和发展概况。最后，关于我国古代"按摩术"的记载可以从《十二度按摩图》中窥得一二，这本书见证了我国古代"按摩养生"体育的发展历史，如今被珍重地收藏在中国医史博物馆中，无论是"按摩术"的基本操作手法，还是重点要领和注意事项都可以从中查阅，综上所述，行气术、导引术以及按摩术的衍生和发展极大地推动了我国民族传统体育的演变进程。

（二）娱乐性

民族传统体育在诞生的初期主要是为了维持人民正常的生产和生活，缓解因地理气候等各种因素引起的疾病症状，改善人民的身体状态，人们进行体育锻炼时普遍追求强身健体、延年益寿的功效。但是随着人类文明的进化，我国古代社会快速发展，在经济、生产力水平和效率上有了显著的提高，人民解决了生产生活中温饱的基本问题后，有了更多的精力去探索传统体育运动的更深次的内涵和运动形式，人民在体育运动方面有了新的追求，即娱乐效果和功能。自春秋战国开始，娱乐性在民间体育活动中的体现越来越明显，体育活动趋向于展现技巧，增添趣味和观赏价值，发展到汉代就有了新的拓展，直到唐宋时期，体育运动的娱乐性模式已经非常成熟了。

根据《史记》的记载，齐国民富国强，百姓人均生活水平很高，所以齐国的娱乐行业十分发达，街头常见一群人围在一起斗鸡、斗蛐蛐、玩蹴鞠，也就是足球的前身。《史记》中详细描绘了当时的齐国首都临淄的居民进行体育娱乐活动的热闹场景，其中关于蹴鞠有重点描写，据记载，相对于我国古代的南方地区，蹴鞠在北方更加流行，在当时的体育运动中十分受欢迎，可以说是人民喜闻乐见的典型娱乐活动。直到西汉建立，为了方便人们踢蹴鞠，汉高祖专门命人在首都建立了体育活动场地——"新邑"，里面设备齐全、场地广阔，人们可以在里面自由自在的尽情玩乐，除了蹴鞠，还可以斗鸡走狗、玩六博，我们可以体会到当时的热闹场景，也可以感受到体育锻炼活动在当时是被赋予了娱乐功能的，以蹴鞠为例，除了比赛场上带有竞技性质的形式，还有一种专门用来展示技巧、供人观赏的形式，这种形式需要专人在旁边配乐，大多会选取一些曲调轻快的乐曲用来伴奏，当时有诗人对蹴鞠十分推崇，详细地研究了踢球的规则、裁判的判定原则以及运动员应遵守的礼仪道德等方方面面，然后归纳总结为简洁明了、口耳相传的诗篇——《鞠城铭》，后来，皇家军队里也开始以蹴鞠作为训练士兵的项目之一，比如唐代的著名大将军霍去病。而蹴鞠所用的球也随着时代的发展不断进化，不同于汉代的填充干草或马尾等实物，唐代发明了"气球"，即在八块皮革拼接的外皮内填充气体，与现在的足球几乎无二，可见古人的智慧是没有上限的，另外，"足球门"也被唐代人民研究出来，与现在的球门相比更加简易，在场地两端用竹竿固定球网，网子中间留一个球洞即可，在当时的蹴鞠比赛中，与西方传统体育的竞技性质相比，运动员们并没有树立很强的"结果一定要赢"的观念，而是更注重踢球的过程，这是因为当时我国的体育运动的娱乐性质更胜于竞技性质，大家更多的关注踢球的技巧，把蹴鞠比赛当成一场观赏性的表演。

直至宋代，蹴鞠的竞技性质仍然不明显，相对于蹴鞠是否踢进球门，人们更在意华丽的踢球动作，另外，还发明了"白打"的玩法，这代表蹴鞠是一种典型性的体育娱乐活动。而到了明清时期，蹴鞠不仅在男人之间盛行，还普及到了儿童和妇女中间，以玩乐为主，这更加削弱了蹴鞠的竞技性质，也使得蹴鞠的娱乐性质更加突出。后来程朱理学盛行，朱熹提倡"以静养生"，蹴鞠的热潮才慢慢退去，但是任何思想理念都没有办法抑制人类本性中对体育运动的热爱，中国的传统体育项目即便一时受到打压，也没有就此走向衰落，直到近现代，中国由封建主义农耕社会变为社会主义民主社会，传统的体育活动才得以稳定而丰富地衍生和发展。

（三）勇敢精神培养性

我国古代体育运动中除了以娱乐性质为主的项目，还有另一种专门培养运动员勇敢精神的运动项目，如传统的体操杂技，街头的各类杂耍等，比如，我国古代的游泳运动中的跳水，口语化的名字叫作"扎猛子"，因为河流很常见，尤其是在南方，游泳和跳水运动的成本很低，因此在我国古代民间百姓群体中十分受欢迎，初期不讲究游泳的技巧和动作，游得快就是好的，也没有很正规的游泳跳水规则，直到隋唐时期，游泳和跳水在动作技巧和比赛规则方面有了比较成熟的规定，在宋朝时期又衍生出一种关于水的体育运动——"水秋千"，顾名思义，这项运动包含秋千和水，运动过程稍显刺激，有古籍记载了详细的"水秋千"运动场景：泛舟于金明池中，在船的两端各竖立一根竹竿，中间绑上秋千，运动员站在秋千板上摆荡，荡到最高点与横梁持平时，就朝着湖面翻身跳下，在空中连续翻跟头来展现高难度动作，这一系列的动作十分危险，不是极其熟悉水性的人是不敢玩"水秋千"的，即便擅长游泳，在高空翻转身躯也需要勇敢拼搏的精神支持，这项体育运动极具挑战性，是培养人们勇敢、奋斗精神的良好选择，类似需要空间平衡感的体育运动还有舞龙舞狮、踩高跷等，"水秋千"比如今西方的那些类似的水上极限运动要早诞生好几千年，由此可见，我国古代人民对传统的体育运动十分看重和热衷，中国人的智慧和精力在组织体育运动项目上展现得淋漓尽致。

（四）基本礼仪教育性

在中国古代社会，春秋战国时期，百家争鸣、百花齐放，后来儒家思想成为主流思想，孔孟之道也在一定程度上影响了古代传统体育活动的内涵，相对于运动结果的输赢，儒家思想提倡人们要更加重视礼仪道德，遵守游戏规则，切不能为了赢得比赛不择手段，重在参与，赛出风格，讲究以礼待人。人们不能为了体育竞技的输赢而扰乱社会秩序，只有人人守礼节、重道德，才能维护社会安定，儒家提出了"身体观"，即打造社会的和谐稳定需要从培养人民高尚的道德品质开始。身体是一切行为活动的载体，所以体育运动中大量的身体活动更要遵守礼仪规范，这种思想观念符合统治者的追求目标，因此儒学重德守礼思想的推崇极大地削弱了古代传统体育运动的竞技性，社会秩序的安定和谐才是掌权者要求民间共同追求的目标。由此更加推动了我国传统的体育运动由竞技性向表演性、观赏性转化和演变，以舞龙舞狮为例，最初带有明显的竞技性质，如今的舞龙舞狮大多是为了庆祝某些活动而请来表演的。在当时的古代，很多体育运动都被赋予了价值元素，儒学家认为"射术"可以体现出一个人是否守礼，通过投壶运动可以观察出一个人的修养；通过狩猎活动可以体现出一个人的德行，例如春季万物繁衍，因而不狩猎，谓之"好生之德"。总之，身体的行为被赋予了特殊的内涵，与社会生活密不可分。由此可以看出，古代的民族体育运动的内涵在强身健体、娱乐观赏的层面之上，又被加诸了价值追求。在西周时期，学校的常规六艺课程中的"射"与"御"就是被赋予了价值内涵的体育活动课程,我们先从"御"这项运动来分析这种显著特点。

在我国古代,最初的"御术"课程包含五个方面的内容,称为"五驭",这项体育课程本质也是礼仪性的教育,第一个内容是练习"鸣和莺"的控制技巧,马车的组建部位有轼木和横木,挂在轼木上的"和铃"就称作"鸣",挂在横木上的"莺铃"就称作"莺",在"御术"中讲究"鸣和莺"的响声和谐悦耳,不可嘈杂无章,这就需要御马者具备高超的驾车技巧,合理控制马的速度和步伐,保证所有的马匹在一个节奏步调中奔跑,这很具有挑战性,以两个铃铛发出的响声是否整齐清脆来判定驾车者的"御术"是否高超;第二个内容是练习"逐水曲"的控制技巧,顾名思义,就是御马者要沿着弯曲不平的河道驾车,比起"鸣和莺"的平地直道练习,"逐水曲"更考验御马者驾车的技术,要能娴熟地控制马匹频繁转弯保证步法灵活、流畅,不陷入淤泥河道,整个过程不但要快速,还得保证平稳,这不是一件容易的事,主要考验御马者对复杂地形的掌握和适应;第三个内容,则是在心态上考验御马者的心理素质,称作"过君表",表面含义就是在国君面前接受审阅,要求御马者不管见到什么人,高贵或低贱,都要保证心无波澜,牢记自己安全驾车的使命,避免出现遇到突发状况就心浮气躁导致出现驾车事故,伤及人身安全,这一项内容要求御马者在驾车过程中保持心平气和的情绪,这是出于对驾车者和车内人员的安全考虑,是非常有现实意义的实质性教育;第四个内容是练习"舞交衡"控制技巧,这里的"舞交衡"主要是指繁华热闹的十字街口,一般情况下,十字街口是最拥挤的道路,人头攒动,在这种场景下驾车,要求御马者可以灵活地躲避行人和摊位,在繁华的人群中娴熟地穿行而过,这个练习的难度也十分大,需要大量的练习才可以掌握穿行技巧;第五个内容是练习"逐禽左"的控制技巧,就是御马者驾车追赶猎物,进行射猎的行为,跟随猛禽的行动轨迹来驾车,要知道,猎物慌不择路的情况下会挑狭窄偏僻的道路逃跑,这需要御马者在各种复杂地形上都能熟练的驾车,而且追赶猎物还要保证车速够快,车身够稳,这样才能箭无虚发。

介绍完"御术",我们来看"射术",在我国古代,"射术"同样具备礼仪教育内涵,也对学生们有一定的要求。根据孔孟的儒学思想,"射术"的关键不在于射破靶子的力道,只要射中即可,每个人的力量不同,射出去的箭的力度也会不同，没必要追求大力量的射击，关键在技巧和准度，这种射箭规则也体现了"礼"的价值内涵。

三、民族传统体育项目分类

中华优秀传统体育文化范畴极广，内容和项目更是不胜枚举，经过大量历史资料的考据，迄今为止，在我国的977项民族传统体育项目中，少数民族体育项目共有676项，占很大一部分比例，从整体来看，分析它们的价值功能，民族体育项目可以分为三大类：武艺、游艺和养生。其中一部分已经归类到学校的体育必修和选修课程中，所以，我们深入校园，分析青少年体育课中的民族传统体育项目的功能和内涵，以便更好地推动我国优秀民族体育项目的发展和传承。

（一）武术类传统体育项目

1. 武术的定义

关于武术在不同的时期，有不同的定义。在中华人民共和国建立初期，武术在相关的教材书籍中被定义为一种具有强身健体、促进健康、锤炼意志等作用的民族体育形式，由拳术、器械套路和有关的锻炼方法共同组成。经过中华五千年的文化沉淀，武术作为文化遗产有必要得到传承和发展。随着社会的发展，人们的思维和眼界逐渐扩大，武术的范畴也有了新的定义，先是在强身健体、磨炼意志的基础上加了一项训练格斗技能，后来去掉了强身健体和磨炼意志，主要内容完全变成"技击"，运动形式规范为套路和搏击，总而言之是一项对抗击打形式的传统体育运动，要求内外兼修。一直到21世纪初，武术的定义再次更新，这次有了更全面和规范的诠释，主要内容为攻防技术性击打，运动形式分为套路演练和搏击对抗两种，仍旧是一种内外兼修的民族传统体育项目。

武术运动项目的日常组织管理和对外交流是由隶属于国家体育总局的武术运动管理中心负责的，武术运动管理中心下属职能部门又有精细划分，其中的传统武术和产业发展部门的任务就是紧跟时代潮流，在符合新时代发展要求的前提下，将我国的传统武术运动发扬光大，不仅在国内做到科学普及，更要走出国门，让全世界人民都来欣赏中国的文化艺术瑰宝。政府成立专门的管理部门就是因为对武术这项传统体育文化的重视，尤其在新时代，国家致力于民族传统文化的复兴和发展，投入了一定的人力、物力和财力，武术也没有在众多民族传统文化中埋没，一直发挥着积极的作用，代表着中华民族不屈不挠、敢于抗争的顽强精神。

中国民族传统文化中的尚武精神并不代表推崇暴力、穷兵黩武，而是以战止战、止戈为武，落后就要挨打，中国人民曾用无数血泪的代价得到了这个惨痛教训，西方列强用炮火和鸦片打开了清朝闭关锁国的大门，在中华大地上肆意地掠杀抢夺，日本人曾犯下了人神共愤的"南京大屠杀"和"旅顺大屠杀"等罪孽，成千上万的中国同胞在那场地狱中惨遭杀害、不幸遇难。究其原因，是中国人比日本人身体更加孱弱才打不过他们吗？不，即便中国平民手中没有枪炮，只要在精神上不畏惧、不屈服，百万同胞何以被一岛上小国压迫地如此之惨烈？根据相关文字和影像记录，当时很多中国人民几乎完全丧失了抗争的意志，成千上万的中国子民面对人数极少的日本兵，几乎是束手就擒。因此，历史的血泪告诉我们，传承和发扬尚武精神十分有必要，我们不崇尚武力压迫，但是我们要增强自身素质，拥有反对压迫的武力。而武术历经千年的发展和演变，见证了中华民族的崛起、落寞、再崛起，深厚的文明沉淀为我们增强体质、学习生存技能提供了有效的方法和途径。2001 年，国际武术联合会为了推动武术的发展和传承，首次向国际奥委会提出申请将武术加入奥林匹克运动会的比赛项目，但是很遗憾，在接下来的 20 年里，这项申请一直都没有通过，国际奥委会不承认武术的价值，直到 2021 年 1 月 8 号，国际武术联合会和所有武术爱好者经过多年来的不懈尝试，终于转变了国际奥委会的观念，同意在 2022 年的"第四届青年奥林匹克运动会"上将武术列为正式比赛项目，至此，武术作为我国的民族传统体育运动形式，在国际上终于得到了迟来的认可。或多或少归功于武打明星"李小龙"的贡献，在西方人的观念里，中国武术神秘又厉害，也有了中国人都是会武术的有趣印象，在国外掀起了一股武术热潮，西方人争相学习中国武术，因此，武术同中国的丝绸、瓷器一般，是中国相当成功的文化输出，外国人都如此推崇中国的武术，中国人自己更没有理由忽视武术的意义和作用。国家教育部门在意识到这个问题后负起了责任，对内，以在社会中推广和普及武术教育、帮助国民强健体魄为目的，对外，为了加强中国文化输出，提高中国文化在国际上的地位，在 2021 年 4 月 29 日提议并通过了成立相关部门的申请，即中国武术教育指导委员会。

2. 武术的内涵

提起孙中山先生的墨宝，大家首先会想到的是那幅"天下为公"，其实还有一幅也特别值得深思却一直被忽略，那就是为庆祝霍元甲创办的精武体育会成立十周年时写下的"尚武精神"。对于武术，孙中山先生一直十分推崇和认可，甚至私下里聘请武术老师教自己练武、强身健体，身体是革命的本钱，尤其是像孙中山先生这样为革命事业呕心沥血、兢兢业业、奋斗终生的伟大民主革命家，更需要一个强健的体魄。孙中山先生所提倡的"尚武精神"不是推崇暴力、挑起战争，我们要正确解读"尚武精神"，古人云，"天行健，当自强不息"，"尚武精神"的内涵就是自强不息、顽强拼搏的民族精神，是面对强权和战争，勇于反抗、坚持公理的决心和意志。"尚武精神"追求的不是对抗的刺激和快感，更不是征服、欺凌弱小，我们增强自身的体质和技能，是为了更好地保护自己，在强权压迫时争取生存的机会和空间，有些时候，战争是无法避免的，以战止战，以武止戈才是维护和平的有效方法。崇尚武术的还有我国十大开国元帅之一的贺龙将军，他的家族世代学习武术，在环境的熏陶下，贺龙毫无疑问地成长为武术高手，他对于武术的理解更加深入、全面，可以说，他为武术这一民族传统体育运动的发展和传承奉献了一生。

当今时代发展迅猛，日新月异，习近平总书记提出"打造人类命运共同体"的倡导，因此，我们要树立统一的意识，把打造中华民族共同体意识当成重要任务，认识到要实现中华民族的伟大复兴的中国梦，我们必须要有国际战略思维。"中华民族"作为规范化的明确概念，2018 年在立法上首次被记入《宪法》，其中就"打造中华民族共同体"意识专门制订了指导文件，各相关职能部门纷纷响应号召，印发相关文件加强教育学习，为民族的团结进步添柴加薪。

武术历经中华上下五千年的文化沉淀，其内涵核心都是中国古人的智慧精华，早就与中华人民的生活生产活动紧密结合，不可分割。一次次的朝代更迭都没能让武术运动走向衰落，反而在民族危难时刻，国家的兴亡要靠武力去争取和维系，武术就是保护家园最好的武器，因此，在中华儿女的情怀里，武术是民族不可割舍的体育运动，在每一位爱国青年的心中扎根发芽。

提起武术，人们首先会想到的是那些武打电影明星，比如李小龙、成龙、李连杰等，但是武术运动不是靠一个人或者一群人就能发扬光大的，武术作为一项民族传统体育运动，需要全民族共同努力来推动它的发展和传承，要使武术的功能惠及整个民族，还需要我们不懈的努力和奋斗。中国民族众多，每个民族的文化丰富多样，都有其各自的特征特色，因此，武术在各个民族的存在形式都有所不同，但是，大家对武术的核心内涵有一致的看法，各民族间武术的独特发展并不矛盾，反而可以互相借鉴，共同成长，中华文化在丰富多样的分支中一向是"求同存异"，华夏各族对武术的认知和发展有着共同的理念和目标。这也是民族和社会安定和谐的要求。

3. 武术类传统体育项目分类

作为攻防对抗击打性质的民族传统体育项目，武术的内容多种多样，根据不同的分类方法，可将这个项目群分为不同的子项目：传统武术、竞技武术和文明对抗武术，其中文明对抗武术包括推手、长短兵、摔跤等，因此武术是一个集合概念。

第一，传统武术。传统武术的科学理论依据是中华传统文化，古人归纳总结了不同的拳种，如今又细分为功法、套路和散手，在技击训练的过程中灵活使用单势、功法、格斗对抗技巧，提高身体的灵活性以及击打的技巧性，追求崇高的武技和武道。

第二，竞技武术。竞技武术是为了最大限度地发挥个人运动潜能和争取优异成绩而进行的武术训练竞赛活动，它的特点是职业化、专业化、高水平、超负荷，主要表现形式由传统武术改造而来，包括散打、功法和套路等。

第三，文明对抗类武术。文明对抗类武术的重点在于"文明"，传统武术中使用的长兵、短兵都具有一定的危险性，需要对其进行削弱危险性的改装，比如，把金属质地的兵器换成杀伤力较弱的木质或者竹质，使之在对抗过程中更加安全、文明，符合当前体育比赛项目的组织要求，对抗类武术不是提倡血腥打斗，强调文明性也不是杜绝击打，重点在于如何点到为止的"打"，这其中尺度的界定和划分需要经过严密审慎的考量，提高武术类的传统体育项目的安全性和文明性，不仅起到促进全民强身健体、保护运动员不受损伤的功效，还具有特殊的道德教育功能，即促进大学生的身心健康成长、弘扬自强不息的文化精神。

（二）游艺类传统体育项目

游艺类传统体育项目，顾名思义，是具有趣味性和艺术性的体育运动项目，主要功能是愉悦身心，放松心情，顺便锻炼身体。游艺类的体育项目不仅仅局限于陆地，还可以在水上、冰上、雪上，比如，水上摩托、打冰壶、花样滑冰、滑雪等。总体带有的游戏娱乐性质极强。作为中华民族传统文化的组成部分之一，游艺类体育运动的内涵不因它的游戏娱乐性质而浅薄，每一种游艺类传统体育项目都有各自的特色和精神理念，也对青少年具有教化作用，对青少年体育精神和道德的塑造起到了积极的作用。

（三）养生类传统体育项目

养生类传统体育项目的设计初衷就是调养身体、增强体质，以周遭的自然环境为依据，如果没有适合的自然环境，还可以利用其他条件来模拟想要的自然环境，在此基础上开展一系列体育活动，比如，前文提到的导引养生术，以及后来更新演变的健身气功。

四、民族传统体育文化的传承

（一）历史条件

文化是国家和民族的标志，代表着一个国家和民族独特的内涵和底蕴，就像一面色彩鲜艳、花纹独特的旗帜，可以明显地与其他国家和民族区分开来。只有保持民族体育文化的连续性和完整性，才能在未来的岁月里将体育文化发扬光大。这是任何一种文化传承的内在条件。历史的长河滚滚向前，奔流不息，经过时间的检验，我们验证了中华民族传统文化是中华民族传统体育项目的理论依据，具有不可忽略的作用。宣传和普及民族体育文化，可以提高人民对健身运动重要性的认识，有利于推广全民健身，同时对传统体育项目的发展有积极推动作用，国民在体育运动方面有了科学的认知和更多的选择，大大促进了各民族间的交流往来，促进民族间和谐、友好的往来，各民族共同团结进步符合习近平总书记提倡的"打造中华民族命运共同体"的时代要求以及建设文化强国的战略要求。基于文化强国的政策环境，民族体育文化精神就是民族文化的典型代表，因此，民族的传统体育文化的发展就关系着整个民族的繁荣与复兴，我们要加大推动民族传统体育运动的发展，我们的武术、舞龙舞狮、马球、蹴鞠等都可算得上国粹，但是由于时代的快速发展，这些传统的体育项目对于国民的吸引力明显不如现代竞技体育，如篮球、排球、羽毛球和网球等，在新体育文化的冲击下，传统体育文化想要冲破桎梏、在新时代占据一席之地，首先就要从根源做起，在民族传统体育文化方面加大宣传力度，提升国民对传统体育文化的鉴赏度，在精神意识形态上感受传统体育文化的魅力，增强国民的民族文化自信，进而自觉为传统体育项目的发展和传承添砖加瓦。

（二）教育传承的目标

要达成民族传统体育文化的教育传承目标，首先要针对民族传统体育文化的教育活动结果做出预判和估计，对于教育活动内容的组织和设置，在综合新时代的背景下，既要与国际接轨，又要坚持自身的民族特色，因此，这就要分为共性目标和个性目标两个方面去实现。首先，共性目标作为中西方体育文化友好交流的前提，而个性目标才是我们弘扬民族传统体育文化的根本目的。

1. 共性目标

（1）增强学生的运动能力和传统体育文化知识

体育老师肩负着科普和推广中华优秀传统体育文化教育的重担，所以，在体育课堂的内容安排要丰富多彩，增添趣味性，一味地理论说教会十分枯燥，不但影响学生的听课兴趣，而且还有可能适得其反，引起学生们的反感，在实际的教学过程中可以在科普理论知识的时候配合标准的技术动作示范，借助各种体育器材，营造轻松有趣的教学气氛，打造新型教学模式，在这个过程中让学生们充分理解传统体育文化的内涵和意义。在民族传统体育文化教育活动中，我们的根本任务是保证学生在学会传统体育运动项目技能的同时，对其背后的历史文化和文明有深刻的了解和感悟，树立正确的锻炼理念，培养良好的体育道德，这需要体育教师的正确引导和细心教育，学习传统体育项目不仅仅是为了达到应试教育的考试要求，也不单是为了锻炼身体，而是要把眼光放长远，着眼于民族传统体育运动的发展和传承，为弘扬民族传统文化添一分力量。

（2）促进学生的身心健康

高校学生身心健康和体魄强健是国家昌盛、社会进步的基础条件，是打造中华民族共同体的必要条件，因为身体是革命的本钱，是一切体育行为活动的载体，我们要重视祖国未来接班人的身体素质和思想健康，为实现中华民族伟大复兴的中国梦做准备，这也符合民族传统体育文化教育的根本要求，也是传统体育文化教育与其他传统文化教育的最大区别。

2. 个性目标

中华民族统一的价值观在民族传统体育文化的内涵中得以体现，民族传统体育文化教育不仅要保证学生掌握传统体育的运动技能，还要重视为学生树立正确的、积极向上的民族文化理念，增强其文化信心和自豪感，当学生以本民族的文化为荣时，会自觉承担起发扬和传承民族传统体育运动的责任。

（1）培育学生的民族精神

民族精神的范畴和内容很广泛，且不是短时间内就可以形成的，需要经过时间的考验，在实践中，对国民的价值观、思想道德和精神面貌不断地修正和完善，当今时代发展迅猛，多种文化共同在这片自由的土地上扎根，我们独特的民族精神在多元文化的冲击下仍旧繁荣发展，民族精神是中华民族的血脉，民族精神在历史长河的冲刷下，剔除了杂质，剩下的积淀是民族在不断的社会实践中汲取的精华，包括意识、文化、习俗、性格、信仰、宗教以及民族价值观念和追求等特质，民族精神在民族传统文化中起到维系、协调、指导、推动民族生存和发展的作用，是一个民族生命力、创造力和凝聚力的集中体现，是一个民族赖以生存、共同生活、共同发展的核心和灵魂。而民族传统体育文化教育的开展，也符合培养青少年民族精神的要求。

（2）增强学生的文化自信

党的十八大以来，习近平总书记在多个场合谈到中国传统文化，表达了自己对传统文化、传统思想价值体系的认同与尊崇。总书记提出了四个自信：道路自信、理论自信、制度自信以及文化自信，其中文化自信是民族或者国家对自身文化价值的充分肯定和积极践行，并对其文化的生命力持有的坚定信心。高校学生是中华民族伟大复兴的希望，因此，培养青少年学生对民族传统文化的自信十分有必要，作为社会主义的未来接班人，高校学生对民族传统文化的认识和理解直接关系到中华民族的伟大复兴。文化的自觉与自信既包含着对于长期积淀下来的优秀民族传统的熟悉与热爱，也包含着对于传统文化创造性的弘扬与发展，表现为对文化的传承与创新。在全球化发展的今天，人才的培养也必须走向国际化。培养学生的文化自觉与自信，即是在继承和发扬传统文化的基础上，以世界的眼光，正确看待外来文化，包容和尊重不同的文化，吸取全人类最优秀的文明成果。

从而引导大学生对外来文化进行批判性吸收，理性地取其精华、去其糟粕。坚定大学生价值选择的自主意识，在面对多元文化冲突时，理性地选择个人的价值目标，自觉把个人价值取向与社会主导价值统一起来，坚定社会主义信仰。

（三）传承现状

随着时代的变迁，社会发展也越来越紧跟国际形势，奥运会受到全世界人民的关注，但是奥运会的比赛项目中的绝大多数都是现代新兴的竞技体育，如篮球、羽毛球、网球、排球等，而中华民族传统的体育项目几乎难觅踪影，像是空竹、舞龙舞狮等，以武术运动为例，国际武术协会经历了 20 年的努力申请才得到奥委会的认可，获准加入 2022 年的第四届青年奥林匹克运动会，其中艰辛，可见一斑。中国的民族传统体育项目在国际上地位不高，不受重视，国际中的体育发展趋势直接影响了国内人民对于体育项目的兴趣和选择，如果放任这种现状不理，民族传统体育项目的传承和连续性发展将受到毁灭性的打击，面对这场危机，国家教育局相关部门十分重视，专门成立了相关职能部门，旨在加强国内青少年的民族传统体育文化教育，促进学生的身心健康，培养学生的民族精神，重点要培养青少年的文化自信，使其深刻地了解民族传统文化的内涵和意义，发自内心地、自觉自动地喜欢并传承民族传统体育运动，社会主义的未来接班人决不能有崇洋媚外的不正思想，遵从习近平总书记的指示，携手共同铸造民族命运共同体。另外，相关部门对外也要实行一系列措施加强中国向世界的文化输出，具体可以如武术运动般，争取申请加入奥运会比赛项目，有竞争才会有进步和发展，另外传统体育文化中也有一些需要改良的地方，我们不能因循守旧，要以发展的眼光，在保持民族文化独特性的同时，也要汲取时代的精华、与国际接轨，只有让世界人民领略到中华文化的魅力，才能使中华文化在世界文化中占主导地位，进而提升中国的国际地位，实现中华民族伟大复兴的中国梦。

（四）面临的困境

自炎黄时期，中华民族的子孙就在这片辽阔广袤大地上生活生产，古代人民的智慧催动着朝代的发展和更迭，即便没有如今高超的科学技术，古人也能想出各种绝妙的方法来解决生活中遇到的问题，比如在建筑学方面，古代没有水泥技术，古人就发明了不用钉子的榫卯木质结构，工艺之高超令今人赞叹，在中华上下五千年的历史河流里，这样的智慧结晶不胜枚举，可见我们中华民族的传统文化之优秀杰出，其中就包含民族传统的体育文化，民族传统体育文化与其他民族传统文化互相交融，不可分割，共同促进了中华民族传统文化体系的构成和发展，其作用和地位是不容忽视的。随着时代的变迁，传统体育文化明显因跟不上社会发展的脚步而落后、被人民忽视，再加上外来文化的冲击，新兴的现代竞技体育多种多样，趣味性更强，引领了国际体育发展的潮流，民族传统体育运动在我国的发展和普及十分缓慢，我国国民都不认可民族传统体育运动，世界人民又如何能领略到中华民族体育文化的风采和魅力呢？究其原因，还是在国际社会的大环境下，我国的文化输出和国民的文化自信都没有做到位。国民，尤其是作为社会主义未来接班人的青少年都没有认识到中华民族传统体育文化的内涵和价值，在意识形态上不重视老祖宗留给我们的东西，反而被外来新兴的事物迷住了眼睛，形成了错误的潮流审美观念，这也是国家的教育体系的工作没有做到位的缘故，因此，第一步，要培养国民的民族精神，使其自发地产生民族自豪感；第二步，加强对民族传统体育文化的教育工作，从学校的体育课程内容设置着手，丰富体育课的教育内容，让学生们在强身健体、掌握传统体育运动技能的同时深刻了解民族传统体育文化的内涵和魅力，从而增强学生的文化自信；第三步，国家需要制定一系列的相关措施，加强落实推动文化输出和文化自信的发展进程，打造民族命运共同体，在全世界推广普及中华民族文化，提高中国在国际中的地位，有了话语权，才有解决困境的底气和能力，最终一步步实现中华民族伟大复兴的中国梦。

五、民族传统体育文化对体育教学的作用

（一）传统体育文化是延续民族文化发展的血脉

民族文化是每个民族独特的代表旗帜，也是民族发展的理论依据和前提条件，只有民族文化不断更新完善，民族才能朝着正确的方向良性发展。如今国门不再封锁，科学技术的发达使得人们可以快速地接触到世界各地的新兴事物，多元文化交织发展，百花齐放，对各民族的传统文化都有不同程度的冲击，民族传统文化的现代化进程如果把握不好尺度和界限，势必将大大削弱民族传统文化的独特

魅力，失去原有的民族色彩，如果一个国家的文化体系由外来文化占据主导地位，那这个国家的发展前景将会非常渺茫，最终被其他国家同化，甚至吞并。因此，传承民族传统文化，保持民族传统文化的连续性和独立性是十分有必要的，民族体育文化作为民族文化的重要组成部分，是延续民族文化发展的血脉，要切实加强对民族传统体育文化的教育活动，首先着眼于管理源头，中国的教育部门要树立正确的教育理念，以民族传统文化为理论依据、以传承民族文化的独特性为导向来推动教育事业的发展，建立和完善学校的体育文化教育体系，如今的应试教育只偏重于文化科目的考试结果，对体育锻炼忽视和轻视的情况屡见不鲜，体育课随意被其他文化课占用，并且体育课程的内容设置也没有规范和完善，学生们只是单纯地活动筋骨，对传统体育文化的内核没有充分的了解，对此，教育部门要制定相关的法律法规，提高教育从业人员对体育文化教育的重视，体育教师要担负起责任，丰富体育课程内容，积极对学生普及和宣传传统体育文化教育。青少年的价值观、世界观、审美观多半来自家庭教育和学校教育，学生们年纪轻，思想不成熟，明辨是非的能力不足，他们在塑造精神价值理念的时候需要家长和老师的正确引导，如果大人们自身的民族精神和对民族传统体育文化重要性的认识不足，就无法担负起教育未来社会主义接班人的重担，青少年是国家的希望，他们也肩负着实现中华民族伟大复兴的光荣使命，因此国家教育部门应该对全体国民进行民族传统文化教育活动，在中华传统文化肥沃的土地上培养国民的文化自信心，使其充满民族自豪感，自觉自发地为发展和传承民族体育文化贡献自己的力量。另外，我们要保护那些被人们遗忘即将消失的传统体育运动，技能的传承和延续需要友好的社会环境，为传统体育活动开辟更多的生存发展空间，有市场才有需求，有需求才能不断发展进步。

（二）传统体育文化塑造学生涵养

在中国民族传统体育文化中包含许多优秀的道德品质，如"忠勇精神""静以养生""正气和谐""谦虚谨慎""天人合一""持中守正""礼、义、仁、智、信、温、良、恭、俭、让"等，这些一起构成了民族文化体系的精华血脉，这些优秀品德自古以来就根植在中华儿女的骨血里，比如"礼"，春秋战国时期，在思想理念上可谓百家争鸣、百花齐放，后来汉武帝独尊儒术，儒学思想占据了主流，孔孟推崇"礼"的思想，即便是在军事战争的教学上也有"礼"的约束，可见传统体育文化对人们的整体素养的塑造是影响深远的，如今国家和社会对我们提出了实现中华民族的伟大复兴，打造中华民族命运共同体的任务要求，同理，我们要着眼于对民族传统体育文化的教育活动，在满足建设中国特色的社会主义体育文化的要求基本前提下，对西方的体育文化的精华进行合理科学的吸纳和汲取，根据中国的国情将其加工成符合中华民族特色要求的体育文化，不能一味地追赶潮流而导致文化同化。将西方体育文化的政治、经济价值和中国传统文化的思想人文价值有机结合起来，改造完善、使之兼容，并在这个基础上发展创新，比如，在实用主义哲学的影响下，西方体育文化是以实现个人价值为主体，具有极端功利性质，以个人利益为先的思想使得集体团结协作主义难以发挥实际功效，对于中华民族的发展来讲，这不符合习近平总书记提倡的"打造民族命运共同体"的核心理念，中国传统文化要求人们把集体的利益放在个人利益前面，集体主义优先于个人主义，集体发展优先于个人发展，个人服从于集体，同时，建设中国特色的社会主义体育文化还要重视其他价值观的追求，比如"和谐团结""持中守正"等，立足于中国的基本国情，以经济建设为基础，构建精神文明富足的和谐社会，想要推动建设富强、民主、文明、和谐、美丽的社会主义现代化强国的进程，宣扬和发展民族传统体育文化是必要条件，也是必经之路。国民大众对传统体育文化内涵和价值的认知直接影响传统体育文化教学活动的开展，进而阻碍中华民族实现伟大复兴中国梦的进程，要促进社会进步、人民和谐相处，要加强对国民"礼仪""团结"等方面的人文价值培养，提高国民的思想觉悟，塑造集体利益为先的理念，稳定社会秩序。

（三）东西方体育文化的互补性

西方体育文化以个人主义、实用主义、功利主义为主要特征，这样的好处是推动了竞争，有竞争才有动力，在竞争中发掘自身潜力，自觉发扬创新精神，符合奥林匹克精神中追求"更高、更快、更强"的理念，极大地促进了个人的发展与进步，但是，在无形中也伴随着一些不良影响，比如良性竞争推动进步，但是难免会催生出一些人急功近利的思想，为了取胜不择手段，运动员食用兴奋剂的事情时有发生，这样的恶性竞争损害了体育运动比赛的公平公正，破坏了体育运动精神和文化的神圣性。另外，还会滋生好勇斗狠的不良情绪，这种追求奢华生活、精致的利己主义思想理念会导致寻衅滋事、黄赌毒等相关的恶性事件大量增多，对社会的和谐稳定、国家的进步发展产生了一定的影响。这些不良因素都不符合中国的传统文化核心价值观和任务要求，在西方体育文化流入我国的同时，这些伴随而来的不良因子也对我国的人民和社会产生了负面作用，想要避免负面问题的出现，需要将引进的西方文化与中国传统文化中的优质品德进行结合，比如，"友谊第一，比赛第二""重德守法""义利并行""吃苦耐劳"等优秀的中华民族品质可以有效地滤除西方文化中的不良元素。

东西方文化的不同还体现在育人思想和价值上，美国学者对于中西方的神话传说进行了对比解读，主要通过东西方人类对"火"和"水"的想象和理解来对比体现文化的差异与互补，在中国的古老文化里，钻木取火是中国人首次使用火来生活生存，火的诞生来自中国人民的观察和智慧，而在西方的古希腊传说里，普罗米修斯盗取天火以救世人，还因此受罚被锁在山峰上受烈日雨淋，被秃鹫啄食，火来自神的恩赐和自我牺牲。由此可以看出对"火"的获得，中国人靠的是自身的努力和进步，西方人则是幻想不劳而获，相信所谓的神爱世人，依赖神的赐予，自身却不做出努力。再对比双方面对水患时的态度和做法：中国著名的"三过家门而不入"的大禹治水无人不知，面对险恶的水患，古人想尽一切办法去疏通河道、战胜河水。而在西方的神话传说中，人类靠躲进挪亚方舟里才没有被滔滔江水吞噬，而挪亚方舟也是神派来拯救人类的，由此可见，西方人遇到问题和困难后首先想到的就是神的救赎，他们信仰神明的指示，在这一点上，中国古代神话故事却截然相反，比如"后羿射日""精卫填海""愚公移山"，都是中国人民反对强权，争取公理而做出的坚毅抗争，中国人民无论在哪一个时期或者朝代，在思想上都没有完全信仰"神"说，民族具有抗争精神，更注重靠自己的能力去解决问题，总好过去祈求虚无缥缈的神，这种思想显然更符合当今社会的发展要求。因此，在这些育人价值方面，中国文化比西方文化更加实际、优秀。

中华民族的传统文化并不都是来自对本土文化的汲取和衍生，鉴于中国人民谦虚好学的优秀品质，在吸纳外来优秀文化方面向来是积极主动的，具有兼容并蓄、融会贯通的特点，以佛教为例，佛教在中国拥有数量不少的信众，中国的古寺庙也数不胜数，佛教在中国的普及是十分深入和广泛的，但是，追溯到最初的起源，中国佛教是由印度佛教传入中土后发展演变而成的，在壮大的过程中，结合了具有中华民族特色的本土文化，最终才能一代代发展传承下来。除了对外来文化的主动吸收，中国历史上也曾被迫接受西方强行施加给我们的文化，其中大多是不良文化。自从清朝皇帝沉浸在自己的大国梦里实行闭关锁国时，中国的实力和国际地位一落千丈，鸦片战争的爆发，西方列强用坚船利炮打开了中国的大门，自此烧杀抢掠无恶不作，甚至强迫中国人学习西方文化，接受他们传输给我们的一切，为了削弱、控制中国人民，他们肆意流通鸦片毒害中国人民，建立教堂，让传教士宣扬神学思想和宗教信仰，企图让中国人民在精神上放弃抵抗。而中国近现代的体育运动领域以西方现代竞技体育为主，民族传统体育项目几乎没有生存空间，这种体育文化审美趋势也是西方列强强加给我们的，严重挤占了民族传统体育运动的发展机会，这也使得中国人民对自身民族的传统体育文化的价值认识不足，进而缺乏民族文化自信心，因此，在多元文化交融、西方体育文化盛行的背景下，我们更要保持清醒和理智，寻找东西方体育文化异同点，将二者的精髓优势互补，兼容吸纳，创新发展。

中华人民共和国成立后，到我国进入改革开放的新时期，体育运动有了自由的发展空间，人民解决了基本的温饱问题后有富余的时间来从事体育运动，自此，随着体育文化的不断深入，体育事业有了明显的起色，开始迅猛发展，我国体育运动健将们为体育事业贡献了自己的力量，在融合了中国民族特色的西方竞技体育项目上获得了极大的成就，比如乒乓球、健美操、跳水和羽毛球等，虽然都是西方的体育运动，在遵守其运动规则、运动形式的基础上，中国人民为其赋予了特殊的民族精神和气质，运用中国人独有的智慧总结、创造新的运动技巧，整个体育运动被中华民族传统文化内化，从里到外都融入了民族精神和风格，这种改造的成功使得中国健儿在奥林匹克运动会比赛中多次名列前茅，摘得金牌，同时这种加工和改造也被西方借鉴，中华民族文化对世界体育文化做出了应有的贡献。现如今，中国运动健儿在世界体育比赛中创造的很多纪录至今无人能破，难以想象起源于西方的"乒乓球"在中国运动员出神入化的运动技巧下已成为中国的"国球"，甚至，中国专家写的《关于如何打乒乓球》被奉为圭臬，享誉整个乒乓球界；在羽毛球领域，林丹等著名羽毛球运动员在羽坛的地位可谓是无法逾越的标杆，创造了难以超越的世界纪录，同样，女子排球曾在世界比赛中创下五连冠的伟大记录，2016 年，中国女子排球队在里约奥运会上异军突起，再次勇夺冠军；2019 年，在日本举行的"女排世界杯"赛上，以 11 连胜的佳绩再次获得冠军。自此，中国女排的名声在全世界上打响了，女排运动员获得的成就不仅仅靠天赋，俗话说：台上十分钟，台下十年功，女排运动员们吃的苦是常人想象不到的，她们凭借超人的毅力一次次地磨炼技能、创新技巧，不在名利中迷失自己，追求卓越的水平，注重集体利益，终于获得了应有的回报，"女排精神"自此也成为中国民族精神的特征之一。正是由于中华民族传统体育文化的加持，中国运动员才能在纷繁的体育文化中找到自身的定位，朝着正确的方向拼搏努力，最终取得了剽悍的成绩，为中华民族的崛起作出应有的贡献，这也侧面说明了只有将东西方体育文化融会贯通才能实现民族体育事业的振兴。

综上所述，中国体育界和文化界的相关部门要负起责任，制订一系列的法律条例，积极开展对东西方体育文化交流融合、优势互补的研究，不断地探索文化精髓交融创新的方法和模式。不仅要科学吸纳西方体育文化，也要加强自身民族传统体育运动的文化输出，把武术、气功、空竹等传统体育项目在全世界范围内推广普及，让世界人民领略中国体育文化的魅力，进而提高中国在国际上的地位，实现中华民族的伟大复兴。

六、传统武术文化与体育教学的融合

（一）武术对体育教学的作用

1. 拓展体育教学内容

在高校体育教学的建设进程中，要详细调查学校关于体育教学内容和实施的真实情况，基于每所学校的办学规模等实际情况，塑造正确的办学理念，制订科学合理的体育教学计划，完善体育教学体系，改造更换体育教学环境和设备器材。教学目的不仅是帮助学生强身健体、促进身心健康，还要帮助学生掌握传统体育运动的技巧，要求学生对传统体育文化有清晰的认识，深刻了解其内涵和价值，在意识形态上培养学生的文化自信和民族自豪感。传统的体育教学模式单一，体育在应试教育中的地位十分"卑微"，经常被其他文化课抢占、瓜分，原因就在于教育部门没有将体育运动的重要性宣传到位，也没有制订相关的条例规定，应该加强对学校的组织者和教师的培训，转变他们古旧落后的观念，提高他们的思想觉悟：身体是革命的本钱，体育运动和文化的发展关系到民族和社会的兴衰。体育教学体系的建设完善要注意改革教学模式，从单一的教材解读拓展成趣味技能师范教学。

2. 推动传统武术文化的传承发展

青少年学生作为社会主义的未来接班人，承担着国家与民族的发展和兴衰，必须保证他们接受科学的、正确的、全面的教育，因此教育部对于各高校的教育教学活动要格外重视。不能以应试教育分数作为衡量一切的尺度，要保证学生的德智体美劳全面发展，其中体育教学内容一直被忽视怠慢，我们要结合每个学校的特色，制订不同的体育教学规划。而武术运动在设备器材的采购方面投入的成本低，教学可实施性高，教学内容多种多样如太极、八段锦等，教学价值和内涵丰富，适用于大多数高校。当今社会中，大多数人对武术的认知还停留在武打电影中，对武术运动的益处和内涵没有正确的认知，西方竞技体育的盛行给了家长和孩子们太多的运动选择，武术几乎被彻底遗忘，想要推广普及武术运动，我们应该将其融入高校的体育教育中，让学生们充分领略到武术运动的魅力，自觉承担起发扬武术文化的责任。

3. 提升学生的综合素质

武术运动的推广符合社会岗位对高校学生的综合要求，不但要具备卓越的技能知识，还要在快节奏的职场生活中具备一定的抗压能力，为此，拥有强健的体魄是十分有必要的，武术运动不仅锻炼学生的身体素质，对学生的心理素质也有一定的磨炼，学武本身就是一件吃苦的事儿，需要超人的毅力和恒心，在武术运动中塑造了吃苦耐劳的精神，对以后适应工作强度也有积极的作用。在目前的高校教育教学中，仍旧以文化课的学习为主，学生的活动锻炼时间非常少，教育模式日渐趋向于机械化，把学生培养成只会做题的机器，推崇分数至上的理念，学生思想日渐麻木僵化，在这种情况下应该打开学生的思路和学习生活节奏，引进武术运动，激发学生的运动潜能和对武术的学习兴趣，自觉自发地去了解武术、了解民族传统体育文化，这比把体育运动技能的学习强加给学生的效果好得多。我们要明确教育的目的，不是把学生培养成做题机器，除了理论知识的掌握，还要注重德行的培养、体制的加强以及其他社会实践，另外，还要在意识形态上为学生树立正确的理念，培养学生的民族精神和爱国情怀，还要加强建设祖国的责任意识，从而促进社会的和谐发展。

（二）武术与体育教学融合的困境

1. 形式大于内容

传统武术历经几千年的文化革新和积淀，其包含的范畴广泛，内容丰富，内涵深刻。鉴于武术技法的难度大、招式复杂，想要原封不动的传承延续依然十分困难，再加上要与学校体育文化的教学进行良性融合，其难度之大可见一斑。因此很多高校的体育教学体系在引进武术运动的过程中，都是只模仿了形式，其中的内容和内涵都教授的不到位，总之是形式大于内容，没有达到设置武术运动的初衷和目标。武术运动的最基本作用就是强身健体，有的高校的武术课程没有请专业的武术教师来教习，导致教学效果差劲，学生只是模仿一些套路动作，没有实用性，更领略不到武术的真谛，不仅没有强身健体的作用，还影响了武术在学生心中的形象，甚至引起学生对武术的反感，完全背离了学校的体育教学初衷和目的，得不偿失。同时体育教师也只传授武术动作，对武术深层次的文化底蕴的理解只停留在表面，无法满足教育教学活动的需求，因此在体育教师的选择上要严格考察其专业水平，不可浑水摸鱼。总之，在武术体育运动的教学上，从理论知识到动作实践再到价值内涵，要做到全方位、深层次的传授和教习。

2. 学生的学习热情不高

武术运动教育形式大于内容、没有深度的教学现状，自然会使学生感到乏味，产生抵触心理。热情的产生来源于兴趣，兴趣的前提是感受到魅力。武术运动的魅力之所以难以展现，体育教师的教学水平不足是一方面，另一方面是学生本身对传统体育文化的了解就很浅薄，对于武术甚至存在错误的观念和印象，这也严重影响了学生们对武术的兴趣，究其原因还是教育部门的宣传和引导不到位。再加上多元背景下，西方现代竞技体育的盛行，占据了体育市场的份额，传统的武术运动相对比较枯燥乏味，且学习难度很大。这些都是亟待解决的问题。

3. 体育教师的专业素养不足

高校的体育老师大多拥有体育专业的教育背景，但是普通的体育锻炼与武术的区别很大，对体育教师进行短时间的武术培训速成是不足以满足武术运动的教学需求的，花拳绣腿、动作不标准只会降低教学水平和效果，使本就枯燥的课程更加的乏味，直接打击学生对武术运动的兴趣，因此，对于武术运动的课程教学，如果师资短缺，应该额外聘请专业的武术从业者。在武术老师的选聘上，要严格审慎地考察应聘者的专业素养和水平，建立完善的教师评聘体系。另外，体育教师初入岗位，要对其进行岗前培训，学习如何制订教学内容以及在教学过程中如何加强学生的人身安全，培训课程需要有武术专业的教育背景的教授学者来制订，总之，要把学生的安全放在第一位，其次，要保证教学质量，达成教学目标。

（三）武术与体育教学融合的路径

1. 优化教学目标

在体育运动教学中，应明确、完善武术运动的教学目标，不能没有计划随意设置课程内容。要建立起规范的武术教学体系。同时，教学模式要多元化，增强趣味性。这不仅是为了激发学生的兴趣，也是提高教学水平、展现出武术的真实价值和魅力的有效途径。同时，还可以避免体育老师消极怠工，敷衍教学的情况发生。首先，我们要全面推动体育教学工作的开展，积极宣传民族传统体育文化，让国民们在心里提高对传统体育运动的重视，以及更新武术等传统运动在人民心中的形象。其次，体育教师在正式传授学生武术动作和技巧之前，要先用传统武术的背景和文化发展历程对学生进行熏陶，使他们对武术有基本的了解，在心里形成一个初步印象。在教学过程中，要考虑不同专业的学生的基础素质不同，根据他们的专业特征来制定具体的教学计划和考核标准，比如，针对绘画系和舞蹈系的学生，可以加强肢体力量的训练，因为绘画和舞蹈都需要四肢具有足够的体力和耐力。

2. 丰富教学形式

致使学生对传统武术文化学习兴趣缺失、热情的原因前文已经介绍过，现在我们重点介绍解决方法和措施。首先，学校的教育形式要革新，从教师强行施加、学生被动接受转化成激发学生兴趣从而自发自觉的学习。加大对传统体育文化的宣传力度，为武术运动在学生心中塑造一个正确、良好的印象，具体可以将武术文化融合到校园文化中，利用学校的文化墙绘写相关的宣传标语以及请专业学者在学校的校报和学校公众号上撰写并发表关于武术的科普文章，充分利用线上和线下的宣传渠道，加大宣传力度扩大宣传范围，这种目的性不强的宣传方式比教师直接将武术运动当成任务布置下发更容易激发学生的兴趣，在充分宣扬武术价值内涵的过程中对学生进行潜移默化的熏陶，同时，可以将武术的运动技巧和特点与现代更流行的武打项目如跆拳道、泰拳等做比较，这样更能体现出中国传统武术的魅力和特点，比起单纯的教授武术动作，这种教学方式更容易被学生接受。现今社会是网络时代，足不出户就能接收到世界各地的信息，通过电子屏幕，我们可以和相距千万里的朋友进行交流，武术运动本身不是单人运动，是一项需要多人共同参与、交互的运动，我们可以通过各大网络平台如微博、快手、抖音等进行直播授课，肯定可以吸引来很多武术爱好者，他们通过留言评论来提出建议、交流指正，这样既增强了武术课程的教学水平、丰富了教学模式，又起到了在国民群众中宣传普及武术运动的功效。另外，还可以在校园里开设武术协会，请专业人员在武术运动的基础上改编一套适合学生舒展筋骨的体操，利用大课间的空闲时间集体锻炼，还可以在校园文化节中为武术单独开辟一个展会，总之要在校园中弥漫武术运动的氛围，体现出学校对此的重视和支持，从而推动掀起全民武术锻炼的热潮。

3. 强化教师队伍建设

从长期的教学实际来看，高校体育教师队伍在进行武术运动教学活动时出现了一些问题，因此有必要加强体育教师的队伍建设。

首先，体育教师的思想不积极，对于在教学课程上进行非教师专业的内容改革，体育教师因不擅长武术教学故而产生对学习新事物的抵触心理，在体育教学内容的设置上他们更偏向于自己熟悉且擅长的专业项目，这也体现出国民对民族传统武术文化的认识不足，说到底还是我国对传统文化的宣传教育工作不到位，再加上西方现代竞技在体育领域占主流地位，难免体育教师意识不到传统的武术的重要性。因此，学习组织者应该在体育教师中加强传统武术文化的熏陶，可以组织体育教师们去观看正式的武术表演，以此激发他们的兴趣，另外举办培训会来提高体育教师对武术的价值内涵的了解，使其自觉提高自身的武术教学水平。

其次，教师没有获取最新的武术相关信息的渠道，在武术文化底蕴的了解上不够深入。所谓师生传承，如果教师本身对武术文化的了解有所欠缺，那么学生也无法感受到武术运动的精髓和魅力，直接影响到教学水平，完不成预定的教学目标。因此，体育教师要拓展接触、了解武术的渠道，多阅读有关武术的书籍期刊，找机会与武术协会的专业武术从业者多交流探讨，以此丰富自身的武术基础知识，改进革新教学方法。

最后，体育教师将重点放在了形式上，忽略了内容。只关注武术的套路动作是否规范，把武术当成体操来教学。而对武术的文化底蕴、价值内涵的教学意识相对薄弱。这是教师在思想观念上对武术运动的错误解读，单纯的模仿武术动作并不能感受到民族传统体育文化的精髓和魅力，因此，教师在教授动作前，要对每一个动作背后的意义和内涵进行解读，以太极拳为例，从太极动作的起源、发展、作用等方面来介绍其背后的太极八卦、阴阳五行等传统文化内涵，这样的教学模式更有效率。

4. 组织和开展武术竞赛类活动

体育教学活动中，单一的练习体现不出教学效果，要根据学习阶段组织安排学生进行武术比赛，除了可以将体育课测验设置成比赛打分形式，还可以将武术加入到校园运动会的比赛项目中。如果体育教师权限不够或者精力不足，可以向学校申请求助，学校领导者要大力支持，给予一定的人力、物力、财力的保障，以及在制度上向武术运动倾斜、为武术竞赛开绿灯，这样可以极大地营造校园文化中的武术文化氛围，为师生的武术传授提供便利。

5. 挖掘传统武术文化的精神内涵

在武术的教学实践课程中，教师首先要明确一点，即要学生们学习武术要发挥实际的作用，强身健体、提高生存技能是一方面，传承民族传统体育文化、提高民族文化自信心是另一方面，基于这个前提，教师在进行武术文化解读和教学的过程中，要注意结合实际，不能只为了激发学生兴趣而选取一些虚无缥缈的武术传说作为课程内容，尤其是介绍一些武侠小说的招式和内容，要参考正经的文学典籍，为学生传授真正的武术文化，这样才能保证武术朝着正确的方向传承和发展。因此，教师要结合社会现实对武术精神进行解读，另外教师的作用是引导和启发，要把学生当成主体，解决他们对于武术学习的困惑和问题，使其主动自发的学习，"填鸭式"的教学是不可取的。

6. 将理论教学与实践表现相结合

在高校的体育教学活动中要兼顾理论教学与实践教学，全程了解、掌握学生的认知水平，以扎实学生的武术学习实效为目标，不仅要注重学生的实践表现，还要丰富学生的理论知识。这就要引导体育从室外教学走入室内，体育教师也可以借鉴文化课教师的教学经验，制作关于武术的 PPT 课件在多媒体屏幕上投放，学生们也会更习惯这种授课方式，在学习过程中会不自觉地专心投入，而在实践教学中，教师要给予学生正面的、积极的评价，武术运动的难度本来就相对较大，更不能打击学生的自信心，理论和实践的比重需要体育教师根据实际的教学情况进行调整、协调，保证对学生的武术传授做到全面化、深入化。

7. 拓展传统武术文化精髓的传承与形式

传统的武术就像舞蹈一样，在套路动作的展现上能让观众感受到古典美感，具有观赏性，是一门艺术。同时，传统武术中承载了深刻的传统体育精神，具有丰满的文化底蕴，所以，武术也是一门哲学。武术最基本的作用就是提高身体素质，提高生存技能，保护我们不受强权的压迫，在这个基础之上，它的追求其实是人与人之间、人与自然之间的和谐共处、平等友爱，从哲学角度来说，这也体现了人在世界中的存在。武术的发展从不局限于形式，它具有兼容并存、海纳百川的特征，不断吸收周遭的精华扩大自己的范畴。

在当今社会的各个领域，我们都可以看到武术的踪迹，它扎根于民族传统体育文化的肥沃土壤里，对人们的生产生活都有一定的影响，在军事力量方面，武术起着关键作用，是军人提高综合作战能力的有效途径；在学校教育方面，武术运动不但增强学生的体质，武术精神也磨炼了学生的意志，国家和社会对青少年的要求的基础就是具有一个强健的体魄和钢铁般的意志，这样才能更好地为实现中华民族的伟大复兴贡献自己的力量。

最后，传统的武术也要与时俱进，不能因循守旧、完全脱离社会实际，将传统武术项目和西方现代技击项目结合起来，对比两者的异同点和优缺点，完善和更新教学内容和方法，还可以组织传统武术项目和西方现代技击项目的实战比赛，让学生们所学技术得以应用，让他们对所学武术动作能够灵活应用于实践中。

第三节　中华优秀传统文化与高校体育教学的融合

一、中华优秀传统文化的内涵

中华优秀传统文化是中华传统文化在上千年的积淀中提炼出的精华部分，要研究中华优秀传统文化的内涵，首先要了解中华传统文化的内涵与价值。

　　"传统"拆开来看，"传"是代代相传、承以延续的意思，"统"指的是延承的事物，组合到一起就是事物被代代相传，流传后世，有学者认为这里的事物指的是人类的思想、行为所化的产物。在文明发展、朝代更迭的过程中，受各种特殊因素包括政治局面、经济水平、思想意识、自然环境等方面的共同影响，人类在生产生活过程中形成、累积并流传下来的所有经验技术和思想文化的总和就是"传统"。因此"传统"深深扎根在人民的意识形态和实际生活中，即便社会发展、科学技术进步，但是有些"传统"对人们的影响不会随着时间而衰退消失。"传统文化"则是千百年来流传下来的精神文明和思想观念，代表着一个民族的整体面貌，存在形式比较稳定。"中华传统文化"的时间节点是自炎黄时期伊始，经历朝代的更迭与繁荣，一直到没落的晚清为止。这中间悠久的五千年文明传承构成了一个结构庞大、内容繁杂的文化体系，呈现了中国社会宏伟的发展历史。

　　代代流传的中华传统文化并不全是优秀的文明品质，其中有一些明显不符合当今社会的发展，甚至是陋习，譬如女人裹脚等，中华优秀传统文化是中华传统文化剔除了不良因子、杂质后凝练的精华部分，在时间的考验中不断地演变，在这个过程中汲取新文化、取缔旧陋习，革新民族的精神面貌，提高人民的思想觉悟和综合素质，历史的车轮被中华优秀传统文化推动着滚滚向前，其内涵十分丰富，诸如爱国奉献、爱岗敬业、以和为贵、舍生取义等都极具代表性。

　　总而言之，中华传统文化的精华和气魄都在中华优秀传统文化中得以体现，民族的精神内涵随着社会的发展成为中华优秀传统文化的内核和血脉。中华优秀传统文化主要是针对精神层面来讲的，任何国家或民族或政党的发展都需要精神层面的思想指引，队伍只有走对了思想路线，才能不断壮大，避免从根源上出现问题导致覆灭。这个思想路线就是从优秀的传统文化中借鉴前辈们的经验，包括道德原则、思想理念、文化教养等方面的内容。

　　优秀的传统文化一般包含了民族传统体育文化，在这里，为了与民族传统体育文化有所区分，本节中中华优秀传统文化特指民族传统体育文化之外的传统文化。

二、茶文化与体育教学的融合

　　高校的责任是为国家和社会培养优秀的青少年接班人，不仅要注重学生的技术知识和实践水平，还要加强学生思想意识上的教育，包括遇见困难永不服输的钢铁意志、爱国爱岗的奉献精神等，没有道德底线的人才不会将拥有的卓越技能发挥在正途上，他们把高超的技能用来作恶，这样只会影响社会的发展和安定，所以，教育的首要任务是育人，然后才是传教。正所谓"学艺先学德"，对德行的培育要讲究耳濡目染、润物细无声。在中华优秀的传统文化中，有许多陶冶情操的文化意识形态比如茶文化，其蕴含的哲学思想内涵符合现代化教育发展的要求。

（一）茶文化的内涵

茶是中华民族特有的饮品，随着张骞开辟出丝绸之路，茶和丝绸、瓷器等极具中华民族文化特色的物品受到西方国家和人民的热烈欢迎。在中国古代，以游牧为生的北方部族多以奶制品为饮，比如奶酒，后来有了"奶茶""酥油茶"，准确地说，北方部族是豪放地"喝茶"，这不能代表纯粹的茶文化。真正的茶需要"品"，比较具有代表性的是在过去水米丰足的江南一带，"品茶"是文人墨客交流聚会中不可或缺的条件，由此可见，茶文化直接影响着人们的思想素养和言谈举止。总的来说，茶已经不仅仅是解渴的饮品，茶见证了中华民族的悠久发展，变成了一种礼节、一种文明、一种艺术。是中华民族特有的文明旗帜。茶文化在世界范围内的推广和普及也大大提高了中国在国际中的知名度，在得到世界人民的认可的同时也加强了中国文化的整体输出。在茶文化的内涵中以"和"的思想为主流，在儒家、墨家、道家的学说中都有"和"的理念，可见"和"的重要性，人与人之间的和谐相处、人与自然之间的和谐共处都是"和"的体现，所谓"天时、地利、人和"，"和"的地位与天地的力量齐平，讲究求同存异，追求平衡和谐、天下大同。人与人之间互相尊重，以和为贵，人与自然之间也要平衡发展，不可过度索取。这些思想理念都蕴含在一碗"茶"里，人们对茶赋予的丰富内涵共同形成了"茶文化"，因此，有必要将茶文化融合到学校教育中，陶冶学生的情操，加强学生的思想教育。

（二）体育教学中茶文化与体育文化的融合

1. 茶文化与体育文化的共性

（1）文化性

茶文化和体育文化都是中华民族优秀传统文化的重要组成部分，二者存在一些共性，比如文化性因为契合度较高，传统体育文化对茶文化进行汲取内化，从而实现科学融合，可以达到优势互补的效果。首先，茶文化根据品茶的实际过程归纳总结，主要包括两大部分：茶精神和茶道。人们在品茶时，一边欣赏流畅优雅的茶道动作，一边聆听茶的起源发展，在茶的清香甘甜中感受、回味茶文化的内涵和魅力。

（2）群体性

无论是品茶还是进行体育运动，都不是单人活动，需要在群体间进行，是人与人之间友好交往的途径和手段。二者群体性体现在多人参与，友好交流，共同进步等方面，同时，品茶和体育运动都需要磨炼耐性，两种文化在动静结合中对参与者的身心健康发展都起着促进作用。在开展传统体育运动的过程中，加入茶文化的元素，有可能降低竞技体育对抗性中隐形的暴力成分，使传统体育精神得到升华，在意识形态上凸显生活情趣和生命活力。

2. 茶文化与体育文化融合的价值

因为茶文化和体育文化的契合度较高，所以茶文化被作为柔和改良传统体育文化的首选。西方现代竞技体育精神中追求个人进步和利益，功利性极强，而中华民族即便在战争中都讲究"礼"，中华传统体育项目更是推崇"友谊第一，比赛第二"的优秀理念，为了更好地弘扬前辈留下的美好德行，我们更要用茶文化中"和"的理念来加强传统体育竞技中的"礼节"，这符合中华民族精神的核心价值观，有利于推动中国传统文化的发展，促进社会的和谐稳定，增强中国文化在国际中的影响力。具体到学校教育中，二者的科学融合有两大作用，一是丰富传统体育教学课程的内容，二是促进学生的全面培养。

（1）丰富体育教学课堂内容

综合分析我国高校的体育现状，很容易可以看出学校对体育教育的忽视，这也导致大多数高校的体育教学体系还不具备成熟、规范的规模，体育教师的素质参差不齐，体育课程的设置杂乱无章，教学方法和内容单一乏味，无法引起学生的学习兴趣，更无法达到体育教育目标，长此以往，不利于学生"德智体美劳"全面发展，形成"偏科"。因此，我们要引进新的文化内容，对体育教育的模式、方法和内容进行革新。茶文化就是最好的选择之一，与体育文化一动一静，在体力运动后给学生平和的缓冲。同时，茶文化相对来说更加生动有趣一些，将茶文化的内涵和价值合理穿插在体育运动教学中，让学生更能体会到中华民族传统的体育文化在西方竞技体育中的优越性，进而培养青少年的文化自信。总而言之，茶文化的引入可以大大丰富体育教学课程的内容，是建立规范的高校体育教学体系中不可或缺的重要元素和有效途径。深层次的挖掘茶文化和体育文化的共性，帮助二者更好地融合，是高校的领导者和组织者应该重视的问题，这需要同时拥有两种专业教育背景的专家学者帮忙参考指正、作出规划。

（2）促进学生的全面培养

融入了茶文化的体育文化对学生的教育影响是深远而长久的，这也是可以预料到的，譬如茶文化所蕴含的"和"理念符合当代中国社会的核心发展观，学生走出校门、步入社会后，无论从事哪个行业都能得到惠及，这是终身受惠的教育，有效地塑造了学生的文明素养包括精神理念、言谈举止。另外，茶文化的内容博大精深，水温和火候的控制看起来是小事，但是做起来可不简单，正所谓"治大国如烹小鲜"，就是这个道理，学生们在其中可以感受到很多适用的人生哲理，进而发现自身存在的问题，这比课本上的理论说教更容易被学生理解和接受。其次，茶文化可以陶冶学生的情操，培养恬淡泊然的心性，进而在体育运动中弱化对比赛结果的过分执着，更加注重过程中的努力和礼仪风度。这对提高学生的综合素养有很大的帮助，学医先学德，无论是想成为运动名将，抑或想从事其他行业，都要先学会做人养成，一个好的品德比成绩结果更重要。

（三）茶文化融入体育教学的作用

茶文化的价值内涵中除了"和"，还有"谦""敬""美"等其他元素，"谦"代表的是谦让、谦虚，中国人的传统文化一向如此教育人们，例如"孔融让梨""廉颇负荆请罪""人不可有傲气"等名人故事和名言警句都朝我们灌输了谦让懂礼的思想，符合儒学"以礼治国"的理念；"敬"是敬畏、尊敬，尊重身边的人，敬畏山川河流、天地万物，符合当今时代构建和谐平等的社会的要求；"美"指的是茶文化中所蕴含的美学，泡茶的工序繁多复杂，慢慢形成了"茶艺表演"这门艺术，人们欣赏茶艺师泡茶的动作和茶叶在水中浮沉的优雅姿态，这是对美的鉴赏。应用到体育活动中来说，体育教学和训练中需要茶文化的谦虚求教，体育竞技比赛中需要茶文化的尊敬对手、平和应对。

1. 传承茶文化

作为我国的传统文化，就目前来看，茶文化的受众依然广泛，但是受众群体的年龄段不均衡，大多是年级较大的老人和中年人，青少年所占比重很小，当今社会，街头小巷上到处都是奶茶饮品店，包装精美，口味多样，青少年被包裹在其中，快节奏的生活使杯装饮品成为潮流趋势，青少年根本没有时间也兴趣坐下来慢慢等一杯甘苦的清茶泡好，这从侧面也可以体现出社会风气的浮躁。因此为了青少年的身心发展健康，有必要弘扬和传承真正的茶文化，改变快捷"奶茶"当道的现状。

2. 培养学生良好的品格

作为我国传统文化的重要分支，茶文化具有高超的古老制茶技艺，真正的高手可以用手炒茶，制茶的工序十分复杂，一杯普通的茶水中蕴含着不平凡的茶道精神，在采茶、制茶、泡茶、品茶的过程中用心体会，可以得到灵魂的升华，这也是茶文化对人类的教化和熏陶。茶道精神的"和美谦敬"可以起到修身养性的作用，对塑造学生的品格具有一定的现实意义，这是一种无形的柔和的力量，在潜移默化中培养学生的心性，去除学生在多元文化和社会环境的影响下产生的浮躁和急功近利的思想，在意识形态上提高学生的道德素养，有利于学生今后的道路发展。

3. 支持和促进体育教学改革

茶道精神一直追求更新和探索，不同的茶需要不同的水温火候以及冲泡方式，甚至选择不同材质的茶具来盛装，比如绿茶细嫩，适合用透明的玻璃杯来盛装；花茶为了要保持香气，适合用盖碗或者白瓷杯来盛装；红茶则需要用瓷壶泡。同理，体育教学也需要根据教学项目和学生专业的不同，配以适合的教学内容和方法，以及设置不同的考核标准。这就需要不断地探索教学模式，创新教学技巧，加大力度促进高校体育教学体系的建设和革新。

（四）茶文化与体育教学的融合策略

1.利用茶文化培养学生集体意识

茶固然可以一个人品，但是未免显得无趣和孤独，因此茶文化更偏向于全体特征，作为人与人之间友好交往的介质，品茶是一种集体活动，在整个泡茶品茶的过程中，人们的心态保持平和，茶的清香冲洗去一身浮尘，人们的交流和讨论更加礼貌而有效。这也是教育者想要传授给学生的意识理念，茶文化的深层次挖掘有效促进了学生价值体系的更正和完善。制茶和泡茶都有严格的步骤秩序，错了或漏了步骤就会影响茶最后的口感，教师将茶文化引入体育教学中时，也要让同学们明白这个道理，即要遵守体育运动的规则，在训练中谦虚求教，比赛中尊重对手。人本身就具有群体性，社会就是一个大集体，学校是一个小集体，学生们处在这个环境中就要适应集体，团结友爱，遵守集体的规则，树立集体利益优于个人利益的思想理念，这是社会对学生成长和发展的要求，也符合习近平总书记提出的"打造中华民族命运共同体"的时代要求。

2.借助茶文化促进体育教育转型

虽然茶文化与体育文化的契合度很高，但是在融合内化的过程中依旧会出现很多问题。首先，有些体育教师对茶文化了解甚少，且兴趣寥寥，自觉补充茶文化知识的意识不强，导致其关于茶文化的基础知识储备和内涵价值理解都不充分，在教学过程中只是论述茶文化的皮毛表层知识，直接影响了教学水平和效果。针对这些问题要提出相应的解决措施进行修正，以达到最初的教育目标。这就激励了体育教育的转型和革新，茶文化本身博大精深的特征就丰富了体育教学内容，充分发挥茶文化的多元性，启发体育教学模式和方法的多渠道发展，全面提高学生的综合素养。

三、传统戏曲文化与体育教学的融合

（一）戏曲与体育教学之间的共性

1.教学原则方面

一方面，就戏曲而言，在戏曲教学中，要以学生为主体，尊重学生，以人为本。注重学生的身心健康发展。这些原则具备科学合理性，在教师的教学过程中，遵守这些原则是十分重要的，这些都是前人经过长期的实践检验积累出的宝贝经验，对教学的实效和学生的发展提升都有很大的帮助。无论是戏曲还是体育都要根据学生的基本素质来制订训练内容和强度，因为超负荷练习容易对学生造成不可逆转的永久性损伤，运动量要有规律地逐步增加，训练的质与量要同时兼顾。

2. 教学模式方面

教学模式的先进与否是评价教师教学水准的指标之一，尤其是教学内容为肢体运动的戏曲和体育教学。同样的教学内容，不同的教学模式会形成不同的教学氛围，影响教学水平和实效。因此，在明确教学内容的基础上，借助多媒体、互联网等教学设备，创造新颖实用、具有个人风格的教学模式是对教师的挑战。

3. 教学流程方面

在教学流程上，戏曲和体育也存在共性。无论是戏曲教学还是体育教学，都需要设置情景化的教学流程。首先，在课程内容正式开始之前，要让学生对即将学习的课程有初步的了解，这对后面的学习起到重要作用，因此，需要教师对当天的课程进行导引，创设一个贴合的情形进行讲解，引导学生快速进入教学场景。其次，学生永远是教学的主体，教师的"填鸭式"教育方法是不可取的，把知识一股脑儿地强加给学生，学生不但吸收不了，还会对学习产生厌烦、抵触心理，不利于学生成长发展。要激发学生的学习兴趣，引导学生自主模仿学习。最后，分成讨论小组，评选出优秀的角色表演并对学生的表演进行评价讨论，巩固重点和难点。

4. 教学内容方面

戏曲教学和体育教学都涉及肢体动作的教学，在教学内容方面有明显的共性，戏曲教学分为文戏和武戏，武戏的教学又分为理论和实践两大方面，实践教学主要是针对形体和技巧等方面的。同样，体育教学也分为理论和实践两大方面，实践教学是针对动作和技巧的。

（二）戏曲与体育教学的融合路径

1. 以文化自信为引领

戏曲文化是中华民族优秀传统文化的重要组成部分，其中凝聚着国家和民族的血脉，戏曲的传承和发展需要全民族的共同努力。戏曲中的武戏与体育文化有共同的元素，二者融合对双方的教学都有积极促进作用，想要传承传统的戏曲文化，首先，要增强民族的文化自信，只有打心底里认可戏曲文化、体会到戏曲文化的魅力，才会以此为荣，从而产生自豪感，并且对戏曲文化的壮大和发展前景充满信心。另外还要对戏曲文化有一定的鉴赏能力，这需要国家和社会加大对戏曲文化的宣传力度，看得多自然就有了审美水平。

2. 以教学改革为平台

对于学生的育人教育，不能仅依靠思政课的教学，要多渠道、全方位、长久性地对学生进行思想政治教育，学生的学习压力已然十分沉重，在文化课教学中增加思想教育的比重不太合适，而体育课是学生舒缓精神，放松筋骨的机会，如果能够在体育教学内容中巧妙地加入思想政治教育，可以达到润物细无声的教学效果，可谓事半功倍。而戏曲文化中包含的许多价值内涵都符合思想政治教育的核心要求，因此，将戏曲文化融入体育教学中去，戏曲文化的地域性十分显著，如京剧、昆曲、秦腔等都是以城市的名字命名，这体现出对故乡文化的认同，蕴含着对家乡质朴而深沉的爱意，融合了戏曲文化中家国情怀的体育教学可以培养学生的乡土情感和对故乡文化的认同感，无形中推动了体育课程的思政建设。

大学生的自我意识已经发展得十分完备，他们对社会有自己的认知和想法，再向高中时期对他们进行说教灌输式的思政教育是行不通的，反而会引起大学生的逆反心理，得不偿失，因此对大学生的思想政治教育要注意方式方法，用柔和的文化去熏陶感染他们，用无形的力量来进行"润物细无声"式的教育，这样可以达到事半功倍的效果，而融入了其他文化的体育教学是最好的途径之一，可以兼顾思政和素质教育，比如，聘请专业人员改编、创作戏曲体操，同时纳入体育考核体系，让学生们在做戏曲体操的过程中感受戏曲文化的魅力。

第五章　高校校园体育文化建设

本章内容为高校校园体育文化建设，主要从三个方面进行了介绍，分别为高校校园体育文化的建设、高校校园体育文化建设的作用、高校校园体育文化的交流与传播。

第一节　高校校园体育文化的建设

一、高校体育文化概述

（一）相关概念

1.体育文化

体育文化不等同于体育，二者的范畴和内容有交叉也有区别，其各自拥有不同的价值意义。体育是各种运动项目的综合，体育文化则具有结构层次，体育文化不仅是行动的中介工具，也是一种行动。弘扬体育文化的目的不是束缚人类的生命力、压制竞争，它为人类的体育发展提供了条件和保障，可以引导人类在体育发展中相互促进、相互帮助。良性竞争氛围的培养需要依靠体育文化的力量，西方现代竞技中的功利思想和追求个人超越的理念就需要体育文化的引导和约束。

2.高校体育文化

高校体育文化融合了校园文化和体育文化，根据每所高校的实际情况，在校园文化中对体育文化进行科学合理的汲取内化，最终二者完美结合。高校体育文化是一种精神文化现象，通过组织学生进行促进其身心健康发展的体育锻炼活动，为祖国和社会培养思想进步、技术卓越的优秀接班人。虽然校园体育文化隶属于校园文化，但是反过来对校园文化也有促进作用。高校体育文化从精神、制度、物质三个方面在浓郁的校园文化中营造轻松愉悦的氛围。

（二）高校校园体育文化的特征

高校教育学生的依据之一就是各种文化，文化的育人功能主要体现在对学生精神意识上进行潜移默化的熏陶，有利于学校教育促进学生的身心健康发展。在各种校园文化中，体育文化渗透和感染学生的方式比较独特，因此在其中占主流地位，大大推动了学校整体教学活动的开展，同时，体育文化的内容十分丰富，学校的体育教师队伍要扎实自身的理论基础，提高专业教学水平，将体育文化的多元性发挥出最大的教学价值。

1. 时代性

校园中的体育文化氛围时刻都是浓厚的，但是体育文化的具体内容却不是一成不变的，国家和社会倡导我们去弘扬民族传统体育文化，但不是只认可民族传统体育文化，社会的发展是趋向多元化的，校园里的体育文化也具有多元性，我们不能一味地推崇西方竞技体育，也不能因循守旧只发展民族传统体育文化，应该在这中间寻找一个平衡点，顺应时代的发展，紧跟国际潮流，结合各高校的实际发展情况，在传统民族体育文化的基础上融入其他文化，不断地改进创新，创造出满足当下时代发展需求的体育文化，这就是体育文化的时代性特征。

2. 导向性

体育文化的另一个显著特征是导向性，作为学校用来进行教育教学活动的文化之一，体育文化在育人方面展现出特殊而关键的作用，想要让学生体会到传统体育文化的内涵和价值、在潜移默化的熏陶中提升自身的整体素养，就要严格审慎的安排设置体育文化的内容，去除其中掺杂的不良因子，辅助学校设置教学目标，也帮助学生明确学习和发展的目标。

3. 创新性

校园体育文化需要与时俱进，不断开拓创新，这样才能紧跟时代和社会的迅猛发展的脚步，不被定义为"过时文化"。青少年学生是校园体育文化服务的主体，文化在不断改进创新的同时要以满足社会的学生的需求为导向。

二、校园体育文化建设的内容

（一）体育物质文化

物质与精神对应，体育文化主要以精神意识的形式存在，但是承载精神意识的物质载体也是文化的一部分，这些物质载体的总和就是高校体育物质文化，其中包括体育运动所需要的设备器材、鞋帽服饰等，比如进行各种运动项目的体育馆、田径场，开展体育运动所需的各种器材，以及方便运动员活动的专业鞋帽服饰等。

（二）体育精神文化

体育精神文化体系宏大而深邃，涉及体育观念原则、思想意识、道德情操、理想信念等，可以概括为高校师生在进行体育活动的过程中产生的一系列体育文化价值观。体育运动不仅可以强身健体，还可以磨炼捶打个人的意志，正确积极的体育精神文化可以引导人们开展促进个人全面发展的体育运动，相反，错误的价值观念会损害人们的身心健康，因此，在体育教学中，我们要虚心求教，尊敬老师，吃苦耐劳，顽强拼搏；在体育竞赛中，我们要遵守体育运动的规则，尊重对手和裁判，杜绝一切作弊行为，维护比赛的公平公正。另外，在推进国家体育建设方面，我们要树立体育兴国的理念，传承和弘扬民族传统体育文化，将中华传统体育文化在全世界推广普及。

（三）体育制度文化

任何含有竞技性质的活动都需要规章制度的支持，无规矩不成方圆，在高校体育建设体系中，制度建设的落实是一切活动的前提，制度在约束我们的行为的同时也为我们打造了一个公平公正的运动环境，保证体育运动有秩序地开展。

三、高校校园体育文化建设的必要性

（一）推动学校教育发展的要求

各高校在推进文化教育的过程中，由于教育内容、介质和传播方式的不同，最终会发展形成高校特有的文化特色。这种特色体现在教育教学活动的方方面面，有助于提升高校师生的素质水平，大大促进了教育教学活动的顺利开展，从而推动高校整体的教育发展，因此，加强校园体育文化建设是十分有必要的。

（二）化解校园文化同质化的要求

综合分析当下的高校教育，传统的应试教育使得学校的大部分精力都在于如何提高学生的文化课成绩上，学生的课余时间被压缩得少之又少，即便校园文化再丰富多彩，学生也没有时间去感受，因此校方干脆忽视了校园文化的建设，导致校园文化主题模糊、特色不明、毫无内涵。没有特色就使得各高校的校园文化千篇一律，趋向同质化。因此，校方要重视这个问题，响应国家的号召，结合师生的需求，推动校园文化的建设，从丰富多彩、独具特色的体育文化着手是有效途径之一。

（三）塑造校园品牌化建设的要求

高校在发展中要打造自身的品牌特色，注重口碑，提高社会美誉度。这样才能招才纳贤，引进海内外优秀的教师辅导员，加强教师队伍建设，同时提高生源的"质"与"量"，从而提升学校的整体教学水平，形成良性循环。这不仅有利于学校自身的发展，更能在国际上打响中国教育的知名度，提升中国文化在国际上的地位。因此，推动校园品牌化建设是十分有必要的，在这一点上，我们可以借鉴美国春田学院的经验，春田学院是一所体育专业高校，它的硬件设施并不突出，闻名海外的原因是它推崇"运动是一种教育手段"的理念，学校在这一文化理念的指导下培养出许多优秀的体育明星和学者，因此，从加强体育文化建设入手来塑造学校的品牌是具有可行性的。

四、高校校园体育文化建设的目标及任务

（一）目标

随着社会的稳定发展，国家对新时期的学校体育工作提出了明确的目标要求。概括来说，到 2022 年，学校要完善、加强体育教师的队伍建设以及高校体育制度建设，保证体育课程的"质"与"量"。到 2035 年，学校要紧跟时代潮流、建设成多元化、高质量的体育体系。

（二）任务

1.强化大学生身体素质

高校的服务主体是大学生，青年学生是国家和社会未来发展的建设者，技术知识和专业能力再优秀，没有强健的体魄和钢铁般的意志，无法为建设祖国贡献

出自己最大的力量。基于大学生的身体素质逐年下滑的现实问题，大学生的体力、耐力不足是多种原因造成的，除了锻炼意识不强，更主要的是缺乏锻炼时间，学生的大部分时间都被学习各种文化课知识占用，体育课形同虚设，在师生的观念里，分数和成绩代表一切，其他都是次要的。因此要加快高校体育文化建设的进程，转变应试教育的旧观念，把提高大学生的身体素质作为首要目标。

2. 促进大学生全面发展

新时代教育的根本任务是立德树人，贯彻到各高校中，则要注重学生的全面发展，所谓"德智体美劳"，"德"排在第一位，故人言："学艺先学德"，说的也是这个道理。学生只有先树立正确的道德观念，才能为接下来的学习和发展提供思想保障。高校体育文化蕴含着深厚的内涵，体育精神在潜移默化中培养学生的品德情操，通过组织体育竞赛活动，使大学生全身心融入其中，既有锻炼身体、强健体魄的功效，又能营造公平竞争的环境氛围，在实践活动中培养学生的拼搏精神和集体合作意识，体会团体凝聚力，有效地规范了大学生的行为习惯，促进其价值观、社会观的良好构建。从而达到促进大学生全面发展的社会要求

3. 提高大学生体育素养

中华优秀的传统文化经历了历史长河五千年的积淀，见证了中华民族的发展变革，随着岁月变换，中华民族的优秀传统文化最终引领着中国走向繁荣富强。民族优秀传统文化的范畴十分广泛，涉及文学、习俗、伦理等，其中一个重要分支就是体育文化。体育文化体现了中国人顽强不屈的精神，高校教育正需要这一点，学生的身体素质是革命的本钱，提高大学生的体育素养不仅能强健体魄，还可以在精神层面上磨炼大学生的意志。因此，高校要把提高大学生的体育素养当成推进体育文化建设的重要任务。

五、民族传统体育文化与校园体育文化建设

（一）两者之间的关系

民族传统体育文化是高校校园体育文化的重要组成部分，它不仅蕴含着我国优秀的传统文化精髓，而且具有大众运动的广泛适用性，充分丰富了高校校园体育文化的价值和意义，虽然高校体育文化是民族传统文化的重要分支，但是反过来也能作用于民族传统文化，因此两者之间的关系是相辅相成互为作用的。

（二）民族传统体育文化对校园文化建设的作用

1. 注入了新的活力和特色

促进民族传统体育项目和高校校园体育文化的有机融合，让优秀的民族体育运动走进校园，养成常运动、多运动的好习惯，在校园内形成良好的运动氛围。同时，高校校园体育文化作为体育范畴内的重要内容，必然有其独特的内涵和外延，从而高校可以依据自身优势把发展民族传统体育文化打造成校园文化建设的主要内容，让其成为树品牌活动、创特色校园的有效手段之一。

2. 有利于促进民族团结

要做好社会稳定工作就要不断巩固和发展民族团结，积极促进各民族之间的和睦与和谐。高校的学生都是来自五湖四海、不同民族的。各民族之间会存在部分文化差异，因此大力发展民族传统体育项目有利于同学们深入了解不同民族的文化。让大家在运动中了解各民族文化的差异，取其精华、去其糟粕，最终达到民族团结一家亲的良好局面。

3. 丰富了高校体育课程内容

目前，部分高校现有的体育课程内容无法满足在校学生的运动需要，且这一问题对正常的体育教学也带来了一定的影响和障碍。但是一些民族传统体育对场地和设施的要求比较低，有些项目甚至只要一块空地便可实施教学。所以将民族传统体育项目列入学校体育教学计划当中，既可以丰富体育教学资源又可以提高教师的教学水平和课堂组织能力，同时还可以提高学生的运动兴趣，增加运动体验。可以有目的地培养出色的民族传统体育教育人才，为我国教育事业、体育事业和民族传统体育文化传承事业贡献一分力量。

4. 丰富和传承了民族传统文化

在高校组织开展民族传统体育项目旨在弘扬民族传统文化。同学们在学习和参与民族传统体育项目时会逐步了解民族的历史、人文、生活习惯以及民族传统体育项目的来源和演变。在缓慢渗透中加深学生对民族传统文化的认识和理解，从而使民族传统文化得以更好地传承和发扬。

5. 增强了学生的身体素质和体育精神

民族传统体育自身具有一定的趣味性和竞技性，符合大学生体育锻炼的基本需求。同学们一旦有了兴趣就会积极主动地参与到民族传统体育的锻炼中来，在不断地学习、练习、对抗中，同学们可以掌握民族传统体育项目的基本运动技能和民族传统体育的精神实质，随之不断地提高同学们的身体素质和运动意识，最终使学生养成终身体育的运动习惯。

六、高校体育社团与校园体育文化建设

（一）高校体育社团的概念

高校师生中的体育爱好者们会自发地聚集组织体育活动，久而久之，在形成一定的规模后就会成立体育组织，即体育社团。社团内招收有共同体育爱好的师生，组织制定了明确的规章制度，对社团内体育活动的开展流程进行了详细的规范。社团的经营是非盈利性质的，所有成员都是自愿加入。社团的建立为广大师生提供了体育锻炼的场所和机会，有效促进了校园体育文化的建设，有利于加强师生之间的和谐关系，提高了师生体育锻炼的意识。同时，大家聚集在一起可以群策群力，为高校的体育教育发展出谋划策，贡献力量。

（二）高校体育社团对校园体育文化建设的作用

1. 丰富了大学生的体育锻炼途径

体育社团的茁壮发展和积极活跃丰富了高校学生的校园生活，为学生进行体育锻炼提供了场所和环境，在校园内部营造了浓厚的体育文化氛围。学生们在进行体育锻炼或者参加社团组织的体育比赛时，不但强健了体魄，还能在活动中加强团体协作意识，通过体育运动建立的人际关系也会更加和谐和稳固，这是体育精神所赋予的深刻内涵，有利于学生今后的学习和发展。

2. 营造出积极的校园体育锻炼氛围

高校是对学生进行教育教学的地方，压抑沉重的校园氛围不利于学生学习和发展，大学生正处在最好的年华，体育文化极大地浓郁了校园文化中的活力与朝气，丰富了校园生活，因此要在高校中推广宣传体育运动的重要性，而体育社团的建立就是加强师生体育锻炼氛围的有效途径，社团的繁荣发展会将体育运动变成校园流行趋势，吸引师生踊跃参与进来。

3. 有利于大学生认识自我，了解社会

大学生的思想逐渐发展成熟，自身拥有独立的思想，对自我和社会都有独特

的认知，但是这种认知不一定全是正确的，需要在与他人的实际交往中不断地更新、完善。这就需要多参与团体活动来感受、处理社会交际。学习的体育社团就是社会的小小缩影，大学生融入其中，无论是参与社团的管理建设还是组织安排体育活动比赛都需要与他人建立联系，不知不觉中锻炼了交际和处理事务的能力。在这个过程中学生对自身有了更真实的了解，为以后步入社会打下良好的基础。

（三）高校体育社团促进校园体育文化建设中的制约因素

1. 硬件设施建设有待提高

体育社团是非盈利性质的，所需的活动场地和体育器材都需要自行筹备，高校的体育活动场馆和设施本就不足，无法在设备器材上支持体育社会的建设，更无法给体育社团单独特批一个运动场馆，这严重减缓了体育社团的发展，更严重打击了社团成员的积极性，满怀热情来参与社团建设，却发现社团没有资金支持无法维持基本运转，乘兴而来败兴而归。

2. 体育社团管理有待完善

在校级管理体制方面，一般以校团委为核心，分别设立校学生会和社团联合会共同管理学习的各种社团，即"一体两翼"。体育社团在校学生会体育部的指导下，受社团联合会的直接管理，由于学校的社团类型繁多，而社团联合会的成员基本都是学生，精力和能力有限，无法保证粗线条的社团管理条例能够得到落实，因此，不能仅仅依靠社联的监督，体育社团内部要加强管理建设，制订详细的规章制度，组织安排体育活动都要严格按照流程，体育社团的领导班子要切实地负起责任。

3. 缺乏专业的体育运动指导

体育运动要使用正确的技巧和方法，很多运动项目的初学者经常会因为动作不规范或者运动量超负荷而导致受伤，严重的甚至会形成永久性损伤，因此，需要一个专业的体育教师在旁指导。社联最初的管理条例中要求社团至少配备一位指导教师，但现实情况是师资力量严重短缺，于是这一条例演变成将社团平均分配给校、院团委的老师们，这种一般仅起到挂名作用，团委的老师无法一人兼顾所有的社团。基于体育运动的特殊性，体育社团比下棋社、机器人社等更需要专业教师的指导。有的体育社团曾邀请高校的体育教师担任指导教师，但是由于体育社团的项目繁多，而体育教师的精力是有限的，所以执行起来的实际效果不佳，因此高校体育社团的发展仍旧受限于缺乏专业的体育运动指导人员。

4. 社团活动质量有待提高

参与体育社团的学生最初大多是出于对某项体育运动的兴趣，如何保持社员的热情，避免人员流失造成社团发展断层是社团需要解决的首要问题，最有效、最直接的方式就是提高社团活动的质量。首先，丰富社团的活动内容，合理安排活动环节，让参与者融入其中，感受到体育运动带来的快乐。其次，合理提高活动的频率，这样可以加强社团成员间的紧密联系，促进交流，使成员有归属感，有利于社团的日常管理。最后，有价值、有意义的社团活动能够增强社团成员对社团的认可，从而积极参与到社团的发展建设中去，有利于促进新成员的招收工作，为社团补充新生力量。

（四）高校体育社团促进校园体育文化建设的路径

1. 完善审批制度

高校体育社团的数量虽然足够但质量却参差不齐，这是因为体育社团的审批及成立的门槛较低所造成的，负责社团管理的部门缺乏对其可论证的考察。因为体育社团在高校内的影响力和可行性一般较高，所以参与人数也一般较多，所以除了应该对其身体材料的规范性予以审核外，还需要考虑多方面的影响因素，只有这样才可能出现更多高质量的社团。从宏观角度来看，体育活动的经费、活动场地等方面的审批都需要在此基础上进行优化，程序要更简洁，这样才有利于后续工作的开展。

2. 加大资金投入

在资金投入方面，主要集中于以下两方面。第一，就是对于体育设施、运动场馆和体育器材的资金要相应增加投入，其次对于场馆的建设和体育器材的置办工作要分步进行，这样可以在安排好日常上课的基础上，有效增加设施的利用率，其次可以增加设施的使用时间，以方便各社团的活动进行。第二，对于体育社团的经费也要适当提升，经费的支持是社团活动开展必不可少的物质基础，质量的提升同样会增加学生的活动热情，帮助体育工作更加有效的开展。同时，可以有效鼓励教师加入体育社团的建设，这样可以提升社团的团队建设，将建设程度与日常绩效和奖惩制度等挂钩的考核模式是更加有利于教师的深度参与的，不仅可以促进体育活动的开展，同时还可以提升师资水平。

3. 完善体育社团内部管理

对于高校社团的内部管理，由于大多数是社团联合会及团委联合管理，所以在权责上面出现的混乱的情况时有发生。因此，明确管理权责是必须的，这两个部门要赋予社团足够的自治权，而自身仅仅是起到宏观层面上的监督和指导职能，这样社团的协调和管理能力也会有效提升，只有外部环境和内部环境持续协调配合，社团才能持续健康发展。体育社团自身也有必要进一步强化组织架构和内部管理运行机制，逐步发展自律意识。对于内部干部成员的选拔，要秉持公开公平公正的原则，同时对于后备人才以及干部人才要充分进行指导和培训，只有这样才能建立高素质、高能力以及高专业水平的干部人员团队，有利于后续推动体育社团的长期发展。

4. 加强对体育社团的民主管理

针对高校社团的监管和指导，学校要统一制定出规章制度以方便社团实行和管理。学校对于社团的管理权限要适当下放，以加强学生自治，推动更有效的社团管理体系的形成，学校有关部门在其中所起到的作用是引导和监督作用，这样更加有利于体育社团自身管理体系的形成，也同样更有利于高校学生的观念的转变，使其更有热情投入到体育活动中来。学校有关组织对于社团的发展同样要在政策、物质和师资等方面予以支持和保障。例如，每周有固定时间段安排给不同的社团进行社团活动，同样给予一定的资金支持，或者组织校内社团开展交流会议，进行管理和组织经验的分享和活动的经验交流，以促进校园文化氛围的形成，有利于校园文化的传播和发展。

5. 合理规划体育社团发展目标

高校内的社团不能是一成不变的，为了更好地长期发展，各社团应充分结合自身特点以及文化、定位等因素为后期的发展提供清晰明确的规划。这样也同样有利于社团内部人员明确自身的职责定位和发展目标，能够根据社团的未来目标，制定出短期、中期以及长期规划方案，对于团队力量的凝聚是十分有利的。对于当代高校体育社团，社团内部所缺乏的就是创新，它是高校大学生对于体育认知的手段，也是当前时代背景下的主题。因为体育专业的活动普遍比较枯燥，所以创新活动势在必行。体育创新活动的举办可以有效帮助当代高校大学生重拾起对于体育活动的热爱与兴趣。对于体育创新活动的开展，要充分结合学生的实际需求和文化现状，才能有效调动起学生的活动积极性。因此，社团活动的创新是十分有必要的，可以作为学生与高校文化体育建设的媒介物而存在。

6. 在社团活动渗透校园体育文化

对于社团活动的创新内容，要充分结合校园文化，满足不同群体的学生需求，以其独特的号召力来团结集体，以满足不断地变化的时代需求和高校的相关建设需求。高校的体育文化要充分与体育社团的创新型内容性结合，这样才会更有利地调动起学生的活动积极性。例如，一些以体育教师和教研组长为领导者的社团，会更加注重对于社团教育作用的发挥，利用丰富多彩的体育活动，来引起学生的注意力，增加其对于体育运动的兴趣。

7. 在活动中宣传和推广校园体育文化

体育社团的活动不仅仅是在校园中举行，为了更加丰富学生的体育活动，社团同时也会组织参加到社会所举办的体育盛事中，如当地的市级大学生运动会或国家相关的体育竞赛，可以起到很好的文化宣传作用，使在校大学生有途径去宣传本校的体育文化，并将其他学校对本校有利的文化进行引进和吸收，让校园体育文化变得更加富有层次，更加丰富，同时对于其他高校体育活动的学习，也能够为社团的创新活动提供思路，在这时，社团不仅是本校文化的体现，也是与其他文化交流的桥梁。

8. 加强体育社团与其他社团的文化交流

对于学校体育社团的分类，一般由学校社团联合会来进行划分，根据社团性质的不同来对其进行命名。例如，将小球项目纳入小球协会，将大球项目纳入大球协会。如此分类方式，不仅有利于社团联合会及其他部门的管理，也有利于小社团之间的交流和合并，同时对于资金节约也是有利的。当社团划分完毕后，为有利于后期的统筹管理，同类性质的社团负责人需要积极进行沟通和交流，每个季度都要召开问题解决会，以解决在各种活动的开展活动中所产生的问题，以避免后期问题的重复发生，同时在社团的管理层面，相关负责人可以进行经验和问题的交流分享。在社团之间交流的过程之中，可以帮助社团成员增加对于新鲜事物的接触，也有利于不同社团文化之间的碰撞，可以吸收到新的知识和技能，对于各个社团的发展都是十分有利的。在社团发展的过程中，仅仅专注于自身是远远不够的，同时还要注重与不同类型的其他社团的交流，如服务社团、文艺性社团以及学术社团等，这样的方式对于调动社团成员的工作热情是十分有帮助的，可以拓宽知识面，为校园的文化建设贡献力量。

（五）高校体育社团与校园体育文化建设的关系

1. 高校体育社团是校园体育文化最佳传播者

传播者的含义本身并不难理解，从字面意思上来理解，传播者即是信息源头，是信息传播行为的发起者。社团自确定其定位后就具备了身为传播者的条件，如社团定位（某个体育项目）、社团文化（社团口号、社团标识、社团制度）、社团媒体（微信群、微信公众号）等。校园体育文化千差万别，正是由于来自不同生活环境的师生具有不同的体育观念，也就因此造就了不同的体育文化，而校园体育文化是由物质文化和精神文化所组成，所形成的复合体自然也就千千万万。因高校体育社团自成立之初起就处于校园体育文化的大环境下，是在校园体育文化的熏陶下成长起来的，所以体育社团在进行具体的活动宣传、体育或健康知识宣传时就会自然而然有着校园体育文化的影子。

2. 高校体育社团是校园体育文化最佳传播媒介

高校体育传播是以微信群、微信公众号、微博、博客等为平台，是被体育社团所掌握的传播载体，在活动之前，都会在这些平台上面发布一些诸如社团精神、体育活动目的、体育活动形式等的文字或图片视频等，来扩大文化影响的范围。正是由于新媒体的交互作用，让社团及成员自身也成为信息源，让他们对于每个主题的宣传都变得更加积极主动，这无疑使载体作用发挥得淋漓尽致，就比如对于社团篮球活动的传播，每个人将具体的活动信息通过微信等平台进行转发、点赞等形式吸引用户关注，最终可达一万余次的点赞数，这个数据是十分可观的。

七、高校校园体育文化建设现状

（一）学校方面

1. 缺乏新理念

体育文化在日常的体育活动中是十分特殊的存在。高校体育文化的培养目标就是培养大学生的运动技能、锻炼意识以及体育文化素养等。因为传统的高校体育文化在内容层次、表现形式、理念结构上十分单一，缺乏新鲜感和发展性，会对社团自身的发展造成局限性。新时代的师生对于体育活动的需求已经向多元化发展，脱离了原始而纯粹的健康向健身、有趣、知识、鉴赏、超越等方向去发展。因此，在体育文化的建设过程中，要确立大体育文化的观念，这种观念是契合时代发展需求和师生期望的。

2. 经费投入不足

近些年来，随着国家综合国力的不断提升，高校教学的硬件设施也有所改善，可以基本满足师生的使用和活动需求，但后期体育经费的投入仍出现了明显的不足现象，同时由于陈旧的体育观念深刻影响着体育教学的从业者，所以在软件设施方面体育建设仍有很多不足，导致高校的体育精神文化和制度文化建设跟不上时代需求，这大大影响着高校体育物质文化的作用发挥，导致其失去了本质和灵魂，这也是高校对于体育文化认识不足的直接原因。

3. 忽视物质文化建设

众所周知，经济基础决定上层建筑，而体育文化作为上层建筑的建设又同时受到一些因素的制约。这些年，高校的硬件设施条件虽然在不断改善，但离师生的最终需求还有很长一段距离，硬件设施是作为衡量其综合教育能力的关键因素而存在的。新时代的教育理念由古代的精英化教育转变成为现在的大众化教育，同时由于国家鼓励新兴产业发展，就导致高校的大量财力和物力都投入到针对新兴产业的发展中去，如教学楼、宿舍，以及食堂等，因此对于体育文化的建设就稍显落后，这就导致体育的改革和基础设施建设步调明显不同。

4. 学校领导重视有待提高

由于现代的教育模式逐渐转向大众化，高校每年的学生数量不断增加，但学校的相关领导作为高校建设的决策者，他们的观念并没有随之发生转变，组织管理模式、方法和管理手段仍然十分落后，教育重点仍然只放在重点学科的课程和基础设施改造上，对于体育文化的建设就被放在十分靠后的位置上。对于体育文化的建设，国家也在不断重视，因而学校领导对于体育文化的建设也应当提起相应的注意力。相关领导应该实地切身感受一下体育活动的氛围，才能发现其中存在的问题，进而才能解决现存问题，使体育文化的建设得以不断向前发展。体育制度的存在就显然在制约正常而正确的体育行为的产生与发展，这与校领导的漠不关心是不无关系的。只有体育文化建设得到应有的重视，高校的体育文化才能不断向前发展，跟上时代的脚步，做到不与时代脱节。

5. 体育文化制度建设有待完善

在许多高校中，体育文化建设仍然存在很多不足的地方，下面主要从几方面进行展开论述：第一，体育教学管理体制落后，教学方式单一而枯燥乏味，学生被体育制度所束缚，无法充分展现出其个性化；第二，许多高校的体育课程设置缺乏合理化的长远规划，没有完善的体育制度，活动限制颇多，仅在一些大众化的运动种类中选择，缺乏个性化活动，如健身健美、舞龙舞狮、轮滑、霹雳舞等，学校相关部门亦没有提起足够的重视；第三，在应试的大环境下，体育教学也只停留在形式化教育上，缺乏个性化和自主性，高校对于学生的身体素质的关注程度不够，家长也没有给予足够的重视，导致高校的体育文化建设被深深忽略。

6. 体育文化建设中传统文化传承不足

传统文化是桥梁，这是由于古代文化的传承，现代社会才能够不断长远发展；传统文化是积淀，正是由于岁月长河中文化的积累，现代社会的人们才能够如此快速地发展起来，为文化大厦的建设奠定了深厚的基础。传统文化精髓能否得到很好的继承和弘扬关系着中华民族的民族兴衰以及我国的长治久安。因此，高校传统文化的建设至关重要，作为莘莘学子的聚集地，高校理应承担起文化建设的重担，并且在这方面应该起到领头羊的作用。然而随着时代变化的日新月异，高校文化亲潮流而弃传统的现象十分明显，大学生们受到网络文化的影响，虽然对于流行事物和新鲜事物的接受度很高，但高校的文化建设却表现出一种底蕴不足的状态，校园中没能很好体现出应有的文化氛围。从物质层面来说，高校建筑多是几何立方体，体育场馆也同样缺少传统文化元素的体现，关于文化景观的体现，如文化墙、体育雕塑、名人雕像以及艺术品等在校园中更是少见。从精神层面来讲，学生对于体育的了解仅限于运动技巧的应用，缺乏对于某一项目名称、发展、代表人物以及事迹等的了解和掌握。

因此，高校的体育文化建设应该让学生们注重知识文化的积累，不仅是动作和应用，更应该是对于意境和内涵的领略，从而形成不一样的审美理念和审美品位和健康的生活方式。

7. 体育场馆文化的传播和发展不平衡

为响应"推动文化大发展大繁荣"的号召，大部分师生开始追求体育文化，对于体育场所的综合功能、数量以及配套设施等方面的要求开始越来越高。随着体育文化思想的不断深入，高校师生对于体育场馆文化的建设也提出了要求。目前的高校体育场馆存在诸如文化传承不到位，馆内设施陈旧，以及特色体育文化贫乏等问题，对于高校文化软实力的提升和相关品牌的创建都造成了不小的影响。因此，在体育场馆的建设过程中，要充分体现文化特色，提升场馆的建设内涵以及挖掘相关文化价值，这样才能对师生的美好生活追求创造积极影响。

（二）师生方面

1. 体育师资质量偏低

目前，高校体育教师数量明显不足，教师作为知识的传播者，体育文化建设中的重要人员，充当着设计者、组织者甚至领导者的身份，数量尚且不足，更何况是质量，所以对于体育教师师资的建设也就成为体育文化建设的重要一环。体育教师在高校中所起到的作用不应仅仅是教学和知识的传输，更应该投入到体育文化的建设中来。对于教师自身，不能给自己设限，应该在不断的教学实践中，充分认识到自己的职责和使命所在，转变传统的教育观念，树立新时代的教育观念，从而将正确的驾驭理念传达给学生，这样可以最大程度上避免体育给学生带来消极影响，从而产生学习上的误区。

2. 师生主体作用有待加强

就目前的整体状况而言，师生极度缺乏参加体育赛事的积极性，这与校园的文化氛围不浓不无关系。例如，当一个体育赛事发布出来，师生所想的是充当一名观众，而不是参与者，切身参与到体育比赛当中，仅有少数学生会尝试参赛，但数量极其有限，且兴趣不浓厚，不是出于对于体育的热爱才投身其中，这种现象是常常存在的，这与"不讲输赢，重在参与"的体育精神背道而驰，而学校作为传统文化精髓的传播者和先进文化的引领者，理应为高校的体育文化建设提供思路和途径，应该更加注重对于文化氛围的创设和解读。学校可以从体育联赛的举办和体育知识讲座的开设等层面为文化建设提供思路，增强师资力量的建设，或从学生的日常生活中入手，比如在校园中张贴相关海报和横幅，打造体育模范，以及进行主题晨练等活动，来将体育元素在不知不觉中渗透到学生的日常生活中去，使体育不仅出现在体育课堂上，同样会出现在生活的方方面面。在网络自媒体行业十分发达的今天，体育文化的宣传和倡导同样可以借助互联网技术来进行。

但现在诸多高校对于体育的建设还是仅仅停留在课堂之上，不仅是学生缺乏积极性，教师的陈旧观念也仍然没有转变过来，只在乎课堂体育教学和体育学术研究，而忽略了对于体育文化的塑造。其次，尽管对于体育文化建设的观念在一些高校中已经进行了不小的转变，但从现状看来，仍然存在认识层面浅显，没有摆脱固有观念，"重成绩、重指标、轻素质"，所以一些新兴观念的提出就仅仅止步于此，没有机会进行实践，学生对于学校的一些政策根本"不买账"，体育赛事的参与一般还是仅仅限于体育专业学生、减肥爱美的学生、体育爱好者和健身爱好者等活动群体。

3. 学生体育文化认识有待提高

高校作为众多年轻学子和专业翘楚的聚集地，有能力深刻把握住先进文化的发展方向和文化脉络，不仅是文化的传播者更是创造者。把握时代方向现如今已经成为高校办学的首要问题，是高校思想建设的基础。尽管如此，只进行思想挖掘显然是不够的，许多高校也已经将学生的参与度也变成了一项重要的参考指标和衡量因素，所以思想层面的重视程度在众多高校中是远远不够的。目前，多数高校并不开展体育知识讲座、体育学术研讨会等。对于高校体育文化的建设，在逐渐往好的方向发展，体育的文化功能也日益显著，所以今后我们应该更加注重的是对于体育文化的延伸和发展。

八、高校校园体育文化建设路径

（一）加大体育文化传播力度

在体育文化的传播过程中，创造多元化的体育传播场景也不外乎是一种很好的传播手段，这种方法的实行需要师生的共同参与，通过体育教学、体育竞赛、宣传体育知识及体育文化等实践活动来获得师生之间的共鸣，以打造适合体育文化的传播体系，从而建立适合师生共同发展的体育文化传播环境。除此之外，高校在进行体育文化的宣传的同时，要注重学校文化软实力的品牌的塑造，同时还要紧密结合学校的育人标准，打造适合学生发展的学习环境。例如，美国的春田学院，就是作为培养体育人才而著称的一所高校，以独特的运动标识为品牌的识别手段；以某项擅长的运动为品牌来进行学校软实力的打造；在体育课堂上开设大项目并增加体育比赛的数量来提升学校运动员的竞赛水平。

（二）提高体育文化建设物质保障

高校体育文化并非凭空出世，而是高校文化本身的衍生品，是校园文化和体育文化的融合产物，可以理解为一种"文创产品"。它是高校体育教学和体育活动中所产生的精神文化和物质文化的结晶，是高校体育教学方针、体育价值观念和情感态度的体现，从场地到器材无不是高校体育文化的体现。物质文化是现实依托，而精神文化是内在表现，由此可见，物质文化建设对于高校体育文化建设的重要程度。

1. 加大资金投入

对于高校体育文化来说，最基本的物质体现就是体育经费。只有资金充足，在通过合理分配之后，才能够实现对于不论是体育活动场地还是体育活动器材的改善，只有硬件设施充足，体育活动才能够安定且有序，不然将会引起混乱。在《意见》中，同样也涉及教学器材和健身器材的配置，以及高校师生在高校体育活动中的参与度的提升等观点。这些基础设施显然还是需要资金支持的，充足的资金是建设的经济基础，是物质保障。因此，在学校领导进行资金分配时可以合理提出增加体育经费的建议。对于体育经费的使用可以分为几部分：场馆的修建、体育设施和教学器材的配置、图书馆相关体育类书籍的购买、设立体育奖学金和体育场馆的开放等。政府对于高校的体育建设在资金方面也同样应给予支持，如设立"体育奖学金"和"体育基金"等。

关于体育资金的筹集，可以从以下三方面来进行：第一，政府或教育相关部门下发文件，以增强校领导对于体育文化建设的重视程度；第二，通过红十字会、社会基金会、慈善者、爱心人士、企业等进行资金筹集，或联系商业互动的方法等；第三，对高校周边的资源进行整合，通过在校外建设的方式来增强体育文化的建设。

2. 优化体育教师队伍

对于高校师资队伍的加强，可以从招聘方面入手，如设立专职的教练员等岗位。从体育教学角度而言，可以长期吸收优秀的教练员和运动员来作为高校体育教学的教师，或者在专业的机构购买体育教学的服务，这些方法都可以有效对现有师资队伍数量少的问题进行缓解。教师在体育的教学过程中所起到的作用是主要的，所以教师的道德素质、体育观念和个人专业水平尤为重要，可以从以下几方面进行教师素质的提升。第一，为体育教师到海外或到其他高校学习提供机会或支持；第二，教师在学习专业知识的基础上，同样要对教学和育人知识进行加强，不仅要进行理论学习，同时还要将理论付诸实践；第三，在学习的同时也要深入思考，为专业人才的培养模式改革提供思路；第四，各级政府要与高校协同作业，明确奖惩制度也是十分重要的。教师队伍是基础，只有完善体育教师的配置，才有可能更快加强体育文化事业的建设。

3. 优化体育场馆建设

在体育场馆中，师生可以完成许多的体育文化活动宣传和实践，是文化宣传的物质载体。随着时代发展，高校的文化建设也同样需要与时俱进，构建多层次的体育场馆文化展示系统，可以将校园运动明星照片、获奖证书、DIY球衣、比赛短视频等材料放在系统当中进行展现，或者设立校园体育场馆文化阅览室以感受体育文化氛围，以促进文化的传播和宣传。在体育场馆的文化建设中，有几点要尤其注意：第一，在文化展示系统的建设过程中，不可局限于传统的思路，要拓宽思考的范围，对于师生所提出的建议要积极吸取，可以在展示呈现方式上，充分利用图像多媒体技术，如智能语音讲解、校园体育文化发展历程时光轴等；第二，对于体育运动的文化特色要大力挖掘，为高校创建软实力品牌提供思路，对于学校特色的项目要将其作为文化建设的主题；第三，场馆的建设不可守旧，要创新，在经营方式上采取多管齐下的战略，注重文化投入，树立品牌效应。

4. 提高体育设施的利用率

随着国家经济水平的日益提升，国民也日益关注其自身的健康水平，因此人们对于体育运动的重视程度也随之提升，体育的普及程度也不断提升，所以体育活动设施的需求量也随之提升。对于高校的体育建设也同样如此，国家对于高校教育的重视程度不断提升，师生人数也在不断增长，也就要求高校的体育基础设施建设程度要跟上，面对高校建设资金紧缺的情况，高校选择将限制的体育地面有偿向社会租借，从而为高校的资金紧缺问题提供了解决方案。

对于高校体育场馆的建设，首要的就是对经营方式进行改变，转变传统的经营理念和管理方法，减少社会政策对于体育场馆建设的干预，加强学校对于体育场馆的掌控，从而可以对各个部门之间的经济关系进行有效协调，加强管理人员对于场馆建设的参与程度，从而提升体育场馆的利用率。

5.提升体育物质的文化底蕴

对于高校的体育场馆或基础设施的建设仅仅从物质层面而言是过于肤浅的，对于其中所蕴含的文化价值要进行深刻挖掘，如体育场馆、体育塑像、宣传栏等文化现象，以及体育精神及其价值内涵，从而可以陶冶学生的情操，提升体育的审美理念，吸收文化精华，从而创造富有民族和时代特色的高校体育文化，使其不仅是时代高科技技术水平的体现，同时还可以展现出丰厚的体育文化资产，对于体育文化乃至是国家文化的传播都是具有建设意义的。

（三）校园文化和体育文化协同建设

高校体育文化不是静止的，而是一种动态的文化形态，让师生在平常所接触到的体育文化是富有生机活力的，而非死板僵硬的。校园体育文化是校园文化与体育文化的充分融合，可以发挥出二者的双重魅力，不仅具有社会功能，还能促进新时代校园综合文化的发展。举例来说，针对高校体育社团和体育项目内部大部分都存在的同质化现象，高校所采取的解决办法就是，对于其中的小项目创新而大项目补充的一种形式，学校对于学生加入体育社团所采取的态度是积极的，这样可以有效保持二者之间的联系，以保证多元化发展的实现。在校园文化与体育文化协同创新的过程中，体育部门在其中发挥主导作用，同时要求师生必须广泛参与其中，在体育活动的进行过程中，要想方设法提高学生的积极性，在同时也要注意保持体育资源的可持续发展性，这是十分重要的。对于体育文化建设所投入的资金也要增加，并扩充体育文化建设的相关课程，从而让学生对于体育文化有更加深入的了解，这对实现"体育文化进校园"的活动是十分有帮助的，从而达到体育人文主义教学的目的。

（四）树立以学生为本的体育文化理念

大学自古就作为文化宣传的阵地而存在，是高校体育文化活动的主要承办方，因此高校更应该重视体育文化建设，将文化宣传理念渗透进大学生的思想当中，充分发挥体育文化的积极作用，在提升整体学生的体育素质的基础上，提升大学生整体的身体素质也是十分重要的，让其成为德智体美劳全面、多层次发展的人才。因此，在进行体育建设的过程中，高校体育教师就要充分发挥主导作用，为高校体育文化建设出谋划策，将文化迅速融入体育的课程中，让学生亲身体会到文化的魅力，以达到体育特色项目的全面覆盖。所以针对体育文化建设，学校在其中要充分遵循"以人为本"的理念，在体育文化的宣传上面要以学生为主要的宣传群体，既是作为接受者，又是作为传播者而存在。依照学生群体对于体育文化建设的不同需求，学校和教师应当及时调整体育课程部署，以适应时代的变化和需求。高校可同时利用媒体传播平台，如创建体育文化论坛或平台，为学生提供一个进行体育文化交流的空间，可以对自己的需求和建议进行充分的表达。

（五）优化高校校园体育精神文化建设

1. 坚持正确的指导思想

（1）响应国家社会主义核心价值观

为响应国家提出的新时代高校建设目标，高校的学生培养应致力于培养更加富有民族责任感和使命感的大学生，要与高校文化建设紧密结合，不断精进和改变，与社会的时代特性相吻合，形成具有多元性和开放性的时代特征。其根本特性就是为响应国家社会主义核心价值观，以促进当代大学生形成积极向上且健康乐观的发展心态与观念，以促进学生全方位、多层次的发展，来适应未来在社会中所要面对的各种艰难和挑战。新时代高校体育文化是新时代中国社会发展的具体要求，其主要内容植根于中国社会主义先进文化的具体要求，它是科学的、乐观的，具有可塑性及传承性。尽管建设高校体育文化的理念已得到全面普及，但仍有对于体育文化的忽视现象存在。随着今年来西方文化的大量渗透，我国应加强发展意识形态和主流文化的宣传工作，将高校作为文化宣传和创新的主要阵地，为社会培养符合时代发展潮流的新时代青年做出贡献，以适应国家和社会对于高校人才的需求。其次，在大学生的思想教育课堂上，思政教师也同样应该对于马克思主义里的体育文化理念进行着重讲述，以适应时代的发展需求，对学生采取积极的引导态度，让学生用通俗易懂的语言就可以了解到体育文化的魅力所在，让学生在体育文化的氛围中成长，也对于校园体育文化宣传也起着十分重要的作用。

（2）坚定理想信念教育

"不忘初心，方得始终。"由此可知，理想信念在我们负重前行的过程中所起到的积极作用。坚持理想信念，我们就有了精神支柱，我们就有了前进动力。"我们一定要保持理想信念坚定，不论时代如何变化，不论条件如何变化，都风雨如磐不动摇，自觉做共产主义远大理想和中国特色社会主义共同理想的坚定信仰者、忠实实践者，永远为了真理而斗争，永远为了理想而斗争。"①习近平同志的这番话给我们以深刻的启迪，这句话阐述的是在多年前动荡的革命时期，共产党人英勇奋斗，为最终实现人民独立和民族解放作出了巨大牺牲，而他们就算战斗到最后一刻，也始终没有放弃，让他们坚持下去的就是理想信念，坚持理想信念不动摇，我们就能够取得最后的胜利。自改革开放以来，党中央始终坚持理想信念不动摇，带领全国各族人民奋勇前进，最终开创和发展了中国特色社会主义的伟大事业。我始终相信，在未来的新长征路上，我们同样会遇到许多不可预见的磨难和挑战，面对西方文化给我们带来的冲击，我们依然要坚持理想信念，才能带领我国各族人民实现中华民族的伟大复兴，走向最终的胜利。当今时代，正是科技、经济和文化迭代更新非常快速的时代，大量国际新思想伴随时代潮流涌入我国，使得我国本土的传统文化和观念受到冲击，我国的传统文化正在面临前所未有的文化冲击，这样观点也是被大多数学者所同意的。而大学生群体作为我国的年轻一代，背负着我国文化传承的使命，肩负着祖国和各族人民所期待的未来，因此，对于当代大学生而言，就要树立起立足祖国未来发展的时代观念和理想信念。

2. 培育和锻造大学精神

大学精神正是我国高校师生的精神发展源泉，是具有大学校园独特性的历史文化体现，也是全体师生的精神追求所在，可以帮助大学生们树立积极进取的健康价值观念，为其精神健康发展做出了重要的贡献。大学精神是我们所处时代的价值观的浓缩精华，是大学独特的校风和学风的思想展现，是文化建设的根基所在。高校要想建设出符合时代需求的大学精神，就需要做到以下几点：第一，大学的管理者是一所大学运营的基础和保障，因此，大学精神就需要大学的管理者们积极进行科学的策划，为高校思想建设开辟出一条引导线，为一些良好精神的引入开辟道路，以对全校师生的思想文化建设进行潜移默化的影响；第二，应加强教师队伍的思想建设，从教师入手，可以将体育精神文化更快地渗透到大学课堂当中，发挥教师的教育主导作用，以其自身的理解，用更富有感染力的语言去传播体育文化，吸引学生对于文化精神的兴趣，扩大其影响范围，以促进体育文

---

① 习近平. 在纪念刘华清同志诞辰 100 周年座谈会上的讲话 [N]. 人民日报, 2016-09-29（002）.

化氛围感的形成；第三，因大学生的长期生活和学习的地方就是大学校园，所以大学生们在学习、生活和卫生等各方面都长期受到大学精神的影响，最终影响到学生们的思考和实践等能力。因此，大学精神对于一个学生的影响是重大的，当学生毕业后进入到社会，同样会对大学精神的理念进行传播，以潜移默化地影响身边的其他人，如同事、家人甚至爱人。

3. 积极培育大学生的体育精神

体育精神在体育界或运动界来说就是精神的最高境界，是体育精神的内涵和文化核心所在，体育精神的影响对于进行体育活动的人们都是可以起到很好的能动作用的。而尽管高校体育精神相较于体育精神来说仅仅是一条分支，但其所具有的号召力、凝聚力和影响力仍不容小觑，它是由爱国、公平公正、守法守纪、坚持不懈、诚实善良、互帮互助等精神所组成的，是高校体育精神的文化内涵和精神内核所在。随着当今时代经济发展，物欲横流，大学生们也不再专注于自己的学习，而是更加容易被外在的物质所诱惑，从而走上品行不端的道路。例如，在当今的大学校园中，学术不端正行为和考试舞弊情况时有发生，学生缺少脚踏实地的精神，对于成绩变得急功近利。面对这样的现状，体育精神的存在恰好就是一股清流，可以帮助学生们摆脱这种不健康的心理状态，作为人们心中的灯塔和理想信念而存在，有助于培养学生们脚踏实地、求真务实的精神，从而加强大学生的规则和公平公正的意识，以提升大学生的诚信精神建设，对于高校的体育文化建设是具有一定的现实意义的，所以高校的体育精神文化建设的实行是具有一定的紧迫性和时代性的。

4. 帮助学生树立终身体育意识

体育文化是鲜明人文特征的体现，是中华传统文化的精神所在，而体育精神又是体育文化的内核，是灵魂所在，是作为体育运动界的最高体现而存在，在人们的体育实践的过程中发挥着积极的主导作用，所以高校应加强对于体育文化和体育精神的建设工作，充分体现身为文化传播者的职能，为社会积极传播正能量。高校体育文化是高校所特有的文化瑰宝，具有很强的感染力、凝聚力和影响力等特征。随着今年来高校教育素质的加强，高校已经不仅是教学和进行学术研究的场所，而更是培育祖国和社会所需建设人才的摇篮，他们不应仅仅具有良好的科学文化素养，同时还应具有较强的政治素养，肩负着社会未来精神文明建设的重任。高校体育文化是现代教育与现代体育的派生品，相较于传统的体育教学内容，新兴的体育文化教学具有更加丰富的文化内涵，可以帮助学生在课堂上就可以受到体育文化的熏陶，在对学生的文化理念塑造的同时，还可以对学生产生感化作用，同时对学生的思想观念、素质教育、提高学生的体育精神和文化素养、培养学生坚强的意志品质等方面具有积极作用。在教师的体育教学过程中，同样要具有终身体育观，这对于学生终生理念的产生具有指导意义，是学生身心健康发展的重要环节。在进行教学的过程中，可以有效培养学生的自主锻炼意识，以感化或教化的方式促使高校体育文化的精神渗透，以这种精神带到日常生活中去。为了改善高校整体的体育文化氛围，可以从以下几方面入手：第一，举办体育竞赛。不仅面向广大体育专业的学生，同时对于业余的体育运动爱好者这是一个很好的锻炼和切磋机会，可以有效帮助高校的运动队招揽人才，促进对于学校认同感和荣誉感的形成；第二，组织学生参观体育赛事。通过现场体育赛事的氛围感染，增加学生们对于体育文化的爱好程度，从而增加学生与体育文化之间的粘性，同时还可以发挥其多方面的社会价值和意义；第三，加大对于体育场馆建设、体育基础设施建设的资金投入力度。在体育文化大力发展的大背景下，高校应充分利用自身优势进行发展，同时将现代化技术融入体育文化的建设，促进学生之间的经验的交流和分享。

5. 加强大学精神与体育精神的统一

对于高校体育精神和大学精神的统一问题，加强课余时间的体育活动开展是对于这个问题的一个很好的解决手段，这既能加强对于体育精神的培养，同时对于大学精神也是一个很好的锻炼和培养机会。对于高校课余的体育活动，一般会从以下几方面的工作进行开展：首先，高校应组织更多的具有很强趣味性的团体体育赛事，这对于体育氛围的形成是具有积极影响的；其次，高校会选择建立一批专业的体育教师队伍和组织，来帮助学校进行诸多体育活动的开展和管理，帮助学生们用更加科学的方法进行锻炼，通过一些体育赛事的参加，更能了解到一些竞赛的约束性和规范性，使得体育精神能够更好地深入人心；另外，多为学生提供体育志愿者的参加机会，这样可以使在大学校园中学到的体育文化和精神能够加以实践，如无私、友爱、互助、服务的精神等，这些活动的参加，都能够更好帮助学生体会体育文化精神的内涵所在，以增强他们心中的荣誉感、爱国热情，以及责任感和使命感。在志愿活动的参加过程中，可以有机会更好地训练大学生们培养团队凝聚力、职业操守和优秀品质的精神，帮助大学生们实现内心的责任感和使命感，使之成为高校体育文化精神的承载者和传播者。

（六）构建高校体育课程内外"一体化"

国务院办公厅《关于强化学校体育促进学生身心健康全面发展的意见》指出，普通高等学校体育教育改革以坚持课堂教学与课外活动相衔接、培养兴趣与提高技能相促进、群体活动与运动竞赛相协调、全面推进与分类指导相结合为基本原则，不断深化高校体育教育改革。对于如何利用高校体育文化以增强学生的体育锻炼意识，可以从教师、制度和管理等多方面入手操作，构建专业化、综合化、系统化、科学化的课内外"一体化"高效体育课程结构，以校园体育赛事活动和校园体育文化引领校园体育和校园文化发展。舍弃传统的模式化教育，把个性化和娱乐化渗透进平常的教学过程中，对于高校的体育课程体系，在设置和选择上要注意多样化，根据学生的不同需求和兴趣所在划分模块进行教学。在课程的教学方面要将学生作为主体，以激发学生对于体育的运动热情和激情为目标来进行授课内容的设置，将学校的体育教学与课外体育锻炼、业余体育锻炼、竞赛相结合，来使学生获得满足的情感体验。其次，对于体育新闻和体育知识的宣传和传播，要善于利用多媒体平台来进行传播，塑造多样化的高校体育文化，将文化元素渗透到高校体育的课堂中来，使其紧密结合，以最终促进教学质量的提升，切实提高体育课堂教学的时效性。另外，在学生进行体育锻炼的过程中，要注意正确体育习惯的养成，只有不断地坚持和重复下去才能真正将体育文化精神渗透进人的内心。除此之外，在体育教学中要注意课程学习过程考核和评价机制、创新课内外课程载体路径的完善，这些对于学生锻炼习惯的养成都是具有积极意义的。

（七）优化高校校园体育制度文化建设

1. 建立高校体育网络监督制度

随着时代的不断向前进步，科学技术不断发展深化，互联网已经成为现在年轻一代不可缺少的生活必需品，因此，高校的网络建设也成了高校文化建设的重要一环。高校的互联网建设有以下两大方面优势：首先，网络的建设可以为高校师生提供更加便利的服务；其次，在当今时代网络无处不在，将信息化服务贯彻到高校的每个角落对于体育网站的建设和体育文化精神的传播是具有积极作用的，不仅是网站，高校同样可以创造关于体育、运动、健身、体育康复等一系列信息化栏目，以丰富在校师生的学习和日常生活。

因为大学生群体从年龄层面来讲，仍然是属于年轻一代的，他们的特点就是易于接受新鲜事物，但也极容易被外在的事物诱惑，大学生们受到网络文化的很大影响，这点从他们平常的语言习惯和说话方式中就可以看出。因此，高校在进行相关网络文化建设时，就应该十分注重体育文化网络监督管理制度的设立，并将其纳入最终的考核内容，严禁黄色和暴力等相关内容的出现，以此来保障学生免受低俗文化的侵袭。其次，组建一支高校体育文化网络监督管理部门以对高校所创建的平台进行监督管理，对所出现的问题进行及时的反馈，以保障学生可以绿色上网，以维持网络的健康和清洁，对于不良言论或不健康信息的出现，网络监督管理部门应及时进行反馈和清理。除此之外要注意的是，相关体育文化网络监督管理部门的工作者一般是由相关专业教师带领学生参加的，要注意对于部门人员政治立场和思想素质的审核，在工作过程中要坚守住自己的立场，以方便网络监控和管理工作的进行，从而推动高校的体育文化建设。

2. 加强高校体育常规管理制度建设

对于高校体育文化建设的管理规章制度，应该由相关部门进行完善和建设，以加强规范化为目标。高校体育常规管理规章体系的健全和完善以及体育法规的规范是进行高校体育文化活动的重要因素和活动准则，对学生和教师的行为起到一定的规范作用，可以帮助师生解决一些在体育文化建设的过程中遇到的问题，同时可以为高校的体育建设指明方向，是体育文化不断发展的前行保障。一般而言，高校的体育常规管理制度建设可以从以下几个角度来进行具体的阐述：

培养"终身体育"的理念。将这种教育理念落实到体育文化工作的方方面面，以培养学生对于体育文化的认知观念和正确的价值观，长期的学习，可以帮助学生们拓宽视野以及树立正确的体育观念，为日后的发展奠定基础。

加强体育管理组织体系，可以从以下两方面进行改革。首先，加强学校的体育部门与社会相关机构的有机联系，以方便对于高校的体育文化建设进行相关的宏观指导；其次，对高校本身所存在的体育管理制度进行不断的细化，以形成结构和层次清晰明了的管理体系，最终实现科学化管理。

加强体育文化活动的举办。对于体育文化活动的设置，要注意尽量脱离原始的体育活动，在其中加入新鲜的元素，以丰富活动的项目和活动形式，充分发挥大学生的活动主体作用。

积极举办体育赛事。在体育赛事的举办过程中，高校应注意要充分展现自身的特色，打造自己独特的体育品牌，从而形成体育文化传统，有利于高校体育文化精神的建设。同时，在校园举办体育赛事的期间，可以很好调动学生对于体育的热情和积极性，有利于学校的文化氛围感的塑造。

在高校进行体育管理工作的同时，要注意对于相关资源的利用要全面，只有构建了全方位的保障机制，才能够保证体育管理规范地进行。

3. 以社会主义核心价值观完善制度建设

要想高校的体育文化建设可以顺利进行，就要求相关管理制度的建立必须是以社会主义核心价值观来引领的。我国目前主要存在以下三类制度。

系统管理制度：包含体育服务管理制度、体育行政管理制度、体育教师管理制度、体育教学管理制度等。

学习与训练制度：包含体育技能考核制度、体能测试制度、体育行为训练规范、指导员技术等级制度等。

竞赛制度：包含体育竞赛制度、大学生体育评比制度、高校创优争先制度等。

目前我国的高校文化建设主要面临的困难有一部分是在于管理制度层间。我国的相关体育制度内容有零散、片面和缺乏实操性等内容，同时对于体育方面的相关政策和文件同样有数量不足的情况发生，以至于高校的师生对于政策的理解程度不同，就造成了所谓的理解偏差，这在一定程度上阻碍了我国体育文化精神的建设。

一般的高校的体育文化建设是由高校所在市的体育总局牵头，同时还需要国家体育总局、学校、社会等的多方配合。在相关制度的建设过程中，相关体育部门一般会抽调负责人员组成高校体育制度建设领导小组来对高校的建设过程给予意见和建议，各级充分进行沟通后给出最终决策方案，统筹多校最终完成意见稿的编撰。其次，将意见稿送至国家体育总局，经同意后会在各个高校的官网予以公示。在公示期过后，国家体育总局会形成政策性红头文件令各高校强制实施。

国家体育总局同样还需要牵头对于跨省、跨市或跨校的大赛专项制度建设，其后由高校各部门进行具体的规范和实施。如果具体到了某一个高校，可提前制订意见稿上报至所在地的高校体育工作领导办公室，经由此审批通过后，同样将其最终上传到国家体育总局处，在经其最终的审核通过后方可采取具体的实施方案。

第二节　高校校园体育文化建设的作用

一、对体育教学的作用

随着我国经济与社会的接续发展，我国的高校教学水平也在不断提升，由传统教学逐步向现代化教学转变，由此体育教学也在不断革新，对于体育的重视程度也不断提升，地位也从边缘位置逐渐向中心靠拢，由此广大师生对于体育文化内涵的理解也逐渐深入人心。不少青少年开始注意到体育锻炼的重要性，开始学习正确的体育锻炼方式，高校的体育建设正在如火如荼地进行着。虽然如此，但高校的体育改革仍然存在一些问题，其中最突出的就是缺乏组合效应，导致体育育人的目标并没有达成。这其中的问题可以主要从两方面来讲。

其一为体育教学和课余的体育实践活动没有进行有机的结合，这就导致二者之间缺乏必备的联系，缺乏形成合力的有效条件；其二，高校内的体育活动与社会中的体育活动始终存在一定的差异，学校所教的体育内容与社会的体育内容之间出现了断层现象，学生终究是要步入社会的，如果产生脱节，就可能导致高校多年的体育文化教育最终毁于一旦，这是我们所不希望看到的。

由此可知，当前大学体育教育的缺陷就要依靠大学校园体育文化的构建和发展来解决。如果将高校体育教学仅仅局限在运动和锻炼的层面，那么高校的体育事业就不可能有长远的发展。因此，这就需要体育文化的渗透，将其作为体育教育的根基，只有这样才有可能兴盛体育事业，只有这样才能最终实现教学和文化的协同发展，最终建立协同、合作和促进的机制，使高校体育文化的建设走向未来。

二、对学生的作用

（一）促进学生的全面发展

随着文化教育的不断发展，我们更应该清楚地认识到文化环境的重要性，又因为我国的高校在教学工作中起到辅助作用，因此高校校园更加要注重对于体育文化的建设。良好的体育文化氛围，可以帮助高校师生在体育方面更好地成长，在思想层面，可以加强对于正确体育观念的引导和学习态度的启发，以为学生以后能够在社会中长足发展而奠定基础。思想上的积极引导，是学生往全方位方向发展的原动力，长期开展体育文化教育活动，可以通过文化渗透的方式，无形之中加强校园文化底蕴的沉淀，使学生始终生活和学习在一个积极向上的文化环境中，这对于学生自身的成长是十分有利的，可以帮助他们养成良好的体育锻炼习惯，形成正确的价值取向，对于学生的心理素质和身体素质的增强都是十分有益的。因此，高校必须深深认识到体育文化为全校师生的发展所带来的积极的作用，由此对于校园体育文化精神的建设具有一定的紧迫性，可以进行大力倡导。

（二）有利于实施素质教育

自古以来，国家对于全国人民的素质教育就是摆在方针政策的前列的。长久以来，国家多次下发颁布与学生的德育、智育、体育、美育相关的教育文件，由此可见国家对于学生素质教育的重视程度。尽管体育和德育、智育、美育四者隶属于不同的教育范畴，但他们之间还是存在共通之处的，可以相互借鉴，相互吸收。由此可以得知，健康且积极向上的文化环境有利于学生素质教育的实行。

对于大学的体育文化建设，为开展体育训练项目和活动、为开展体育竞赛、为开展课外体育社团活动，都要求具有完备的组织部署和明确的目的。

高校师生在浓郁的文化氛围中学习可以使身心都得到很大的发展，素质也能得到一定的提升。由此可见，体育文化氛围感的塑造不仅可以帮助师生甚至是教职工的才华以及身心都得到很好的调整和修养，同时还有助于各种美德的养成，如乐观自信、实事求是、公平公正、坚韧不拔、集体主义、英雄主义和爱国主义等。将其与各高校的实际发展情况进行结合，结合自身体育特色，就能够发展丰富多彩的体育活动，从而建立青年大学生们健康的体育观念，如"健康至上""终身体育"等，无形之中体育素质就得到了提升。因此要想提升学生的整体素质，体育文化的建设势在必行，是作为素质文化教育的重点工作而进行的。

（三）推动学生个性发展

个性，顾名思义，即是不同于其他人的，独属于自己的展现出来的自身特性。

对于校园体育文化来讲，文化是由许许多多的人所塑造和建设出来的，因此也具有个性化和多元化的特性，所以学生的个性化发展是我们在体育教学的过程中要注重的东西，在学生的成长生涯中也占据了比足轻重的地位。正是由于个体组成群体，群体发展才能形成丰富多彩的体育文化，所以就体现了对于学生多样化教学的重要性。高校开展一些多样化的体育活动，就是在最大限度地满足学生的个性化需求，以为学生的个性化发展提供空间，在提升自身身体素质的同时又可以协调多方面发展，从而塑造出学生个体独一无二的人格。通过参加不同的体育竞赛，同时可以使学生的心理素质得到锻炼，如学生会希望在学校举办的体育赛事中能够拿到一个不错的名次，就会在平常的训练过程中严格要求自己，面对困难和挫折时想办法去克服，积极参加学校举办的各种其他活动来充实自己，使自己的体育能力能够不断得到提升，就自然而然养成了自信拼搏的精神和不惧困难的心理素质。由此可见，体育文化氛围和体育文化环境的重要性，可以帮助在挫折中不断成长，对于学生性格的养成和自身素质的体现也是有很大帮助的。同时需要注意的是，在体育教育和体育文化的宣传过程中，要始终践行"以人为本"的理念，要始终符合高等教育的学生观，只有这样才能使高校的体育文化建设工作能够不断向前推进。

（四）促进学生的身心发展

学生本身作为教育的主体，他们自身的学习状态是十分重要的，不好的学习状态所得出的结果，就能很明显体现在教学质量和教学效果上，因此，教师在教学的过程中，也要同时充分关注学生的身心状态，这与学校的教学目标是否完成以及能否取得良好的成效有着至关重要的关系。由此，体育文化的建设在促进学生身心健康方面也能起到很重要的作用。例如，学生可以参加丰富多彩的体育活动，在活动的过程中，对于学生的身体素质和心理素质都是一种无形的锻炼和练习，也在潜移默化当中对学生的思想观念起到了一定的积极作用。其次，对于体育文化环境的塑造也是十分重要的，在浓厚的体育文化环境中，整体氛围是欢乐而健康向上的，因此也为学生营造了很好的调节心理状态的环境。

同时，随着网络技术的不断发达以及互联网的不断发展，也为不少法外之徒提供了空间，网络上各类不健康的信息和具有攻击性的言论对学生的心理是一种强大的冲击，但是通过体育文化的不断渲染，学生可以避免很多不良信息的攻击，减少对于学生思想和心灵方面的毒害，为学生提供一个健康发展的平台和空间，无形之中对于那些本来就存在不健康思想的学生也是一种思想矫正的过程，帮助学生走出误区，实现更加健康和协调的发展。

（五）培养学生的体育意志与体育认识

即使新兴文化发展正盛，但传统观念已经流行了几十年甚至是上百年，这种思想的积淀是很难去改变的，对于我国现代的高校师生仍有很大的影响力，所以就导致了现在我国的体育教学仍然存在一些很局限的层面。例如，只侧重于对于理论知识的传授，或者只传递锻炼身心或身体素质的方法，或是只有磨炼身心方面的习性传授等，这些现象就导致了诸如乐观自信、实事求是、公平公正、集体主义、英雄主义和爱国主义等体育精神的培养的缺乏，同样为学生的全面发展带来了一些弊端，如背离社会主义建设者和接班人的目标、学生的体育消费需求无法得到满足、学生对体育的激情和热爱得不到鼓舞等。因此，高校对于体育文化精神的建设就迫在眉睫，充分发挥高校的体育文化特色，让学生在其中得到磨砺和锻炼以及文化熏陶等，这对于学生的体育精神、体育意志和体育认识都是一种很好的锻炼，从此将体育作为生活中不可缺少的一部分，养成体育锻炼的习惯，并将体育文化精神渗透到未来的社会工作中去。

（六）能够帮助学生树立终身体育意识

终身的体育观念是近年来被广泛倡导的一种观念，不仅是在学校里，在社会中也是被广泛传播和宣扬的。树立终身体育的观念的主要目的就是提升公民的身体素质，鼓励更多的人参加到体育运动中来，同时也有利于文化素养和体育素养的提升。从某种角度来看，若外部因素的影响以积极方向的影响为主，则可以进一步强化高校学生的思想意识形态，使体育运动成为每日生活的一部分。校园体育文化其本身也是具有意识形态的，其本身的意识形态是具有感染力和号召力等特性的，这也就从侧面反映了体育文化本身是以文化为核心的观念。有研究表明，浓厚的体育文化氛围可以对许多学生的不论是身体素质还是心理素质造成一定影响，而且这种影响是积极向上的，可以帮助学生从对于体育的消极心态，到逐渐对其有一丝兴趣，到最终的热爱树立终身体育的观念，这种转变无疑是巨大的。

在丰富体育的过程中，教师虽然不是主导地位，但同样是十分重要的，教师在其中可以给予学生一定的引导和支持，对一些体育行为和活动进行相关的专业指导，对体育文化起到一定的宣传和传播的作用。

（七）能够帮助学生正确认识自我的价值

学生通过长时间地参加体育活动，不仅提升了自身的心理和身体素质，同时对体育活动的参加充满了积极性，这应归功于校园体育文化环境的良好氛围和校园体育文化的大力宣传。学生不仅可以积极参加体育锻炼，同时对于一些难度较大的体育训练也可以参与其中，体育思想境界也得到了全面的发展和提升，具备了正确的体育价值观念，同时也意识到了自身的价值所在。例如，通过学校运动会的举办，一些平常积极参加体育活动的同学取得了很好的名次，为班级或者是学院争得荣誉，这就是自身的价值所在。又或者代表学校去参加学校间举办的或是社会组织的体育竞赛，一些获得很好成绩的学生就带着莫大的光荣回到学校，同时也能获得同学和老师的赞扬，抑或学校的嘉奖，这同样也是自身价值的体现。多多参加平常的体育训练，也能够帮助学生很好地适应集体生活，培养集体主义精神和对于集体的责任感与使命感，让集体中的每一分子都可以认识到自身价值和集体的价值所在。

三、对学校的作用

（一）促进校园文化建设

大学的校园文化是隶属于社会文化（主文化），而作为副文化而存在的，主要的存在场所顾名思义就是大学校园，而主要的参加群体就是青年大学生，一般是以第二课堂活动和课外活动的形式出现，活动形式丰富多彩，基础样式和情态是多专业、多范畴的普遍沟通和特定的生活节律。不同时代的大学校园文化不同，不过国家乃至地区的大学校园文化也是存在明显差异的。

大学校园的体育文化自然也就是来自大学校园文化这一大的体系中，因此，大学校园文化就变成了主文化，而大学校园体育文化也就自然成为副文化。一般可以从以下两方面来进行具体论述：首先是文明程度的角度，大学校园体育文化水准和大学文明水准之间呈现正相关的关系，因此，越高的体育文化水准，自然就说明了该学校也拥有很高的文明层次；从学生角度而言，校园体育文化的形成对于学生自身的发展都是具有积极意义的，可以让学生在物质层面和精神层面体验到不同的文化感染力，有利于学生思想道德品质的提升，也有利于其自身朝着更加全面而多层次的角度发展。由此可知，社会主义事业建设者及接班人的培养也是在一定程度上得益于大学校园体育文化建设的。

（二）有利于构建和谐校园

要想完成和谐校园的建设，大学校园体育文化的建设是其中一个必不可少且十分重要的环节。如果将和谐校园的建设比作一个复杂的战略系统，那么大学校园体育文化就是其中众多子系统之一。一个优秀且长盛不衰的高校体育文化必须具备以下特质：一是浓郁的学术气氛；二是多彩多姿的文体活动；三是融洽当代体育科技的人际关系；四是优雅的生活方式；五是美好的校园氛围；六是一致的价值追求。

广大的教职工和青年学生对于和谐校园的建设也具有十分重要的作用。他们不仅是校园体育文化建设的主体（认识者和实践者），同时也是校园文化建设的客体，因此，和谐校园的建设不仅可以让他们的情操更高尚，还可以让他们的灵魂更纯粹和美好。

一般来说，和谐校园的建设具有以下几点重要意义：首先是可以让他们在浓厚的文化气氛中接受熏陶和洗涤，感受时代精神的召唤和陶冶；其次是可以塑造宽容、宽松、宽厚、民主、平等、公正的体育教育环境，有利学生们发挥创造性思维，形成我国传承下来的优良传统美德和优良作风，使自身得到全面的进步；另外是可以改善大学校园中的人际关系，使他们不再针锋相对，针尖对麦芒，而是更加和谐和美好，大家彼此尊重、彼此关心、严以律己、宽以待人，让广大师生在体育文化环境中学会克己以为人、克己以爱人、克己以敬人。

（三）有利于提升学校的竞争力

"物竞天择，适者生存。"大学校园的体育文化建设对于学校之间竞争力的提升也是十分有利的。生存是主题，而竞争就是内在主体之间的必然联系，不仅竞争体现在人与人之间，在社会组织之间、民族之间甚至于国家之间同样存在竞争，可能是环境资源的争夺，也可能是领土的争抢。同样地，大学之间也是存在竞争关系的，而体育文化就是大学竞争力之一。一个学校的体育文化竞争力可以从两方面来说：第一就是硬件竞争力，即物质层面，包括足球场、篮球场、田径场、体育器材、体育教师队伍、教练队伍和各种运动队等；第二就是软件竞争力，也就是我们常说的软实力。主要包括健康理念、体育理念和体育精神等，一般软实力是作为中心标志而存在的。

随着我国现代化事业的发展，高等教育在不断改革，高等学校的建设也在不断改革，时代变化瞬息万变，日新月异，我国社会正从传统型向现代转型，因此，高校教育和高校建设也就要随之拓展和深化。例如，大学之间经常派遣教师进行相互的交流学习，或者现在大学生的跨校选课也是十分流行的一种方式，实现教学资源的交流与共享，同样还有大学之间互相认可学分、学校和企事业单位资源共享等。这种类似的"外交活动"比比皆是，他们也同样对校园文化的建设产生了深远的影响，可以从以下几点进行论述：第一，可以丰富校园生活；第二，可以帮助学生更好地认识社会；第三，利于学生交际水平的提升和人际朋友圈的扩充；第四，有利于培养学生的社会参与意识；第五，有利于大学之间的交流和合作。

一般而言，知名度较高的体育校园文化具有以下几个特点：一是朝气蓬勃、积极向上；二是五彩缤纷、多彩多姿；三是生龙活虎、斗志昂扬。

根据以上所述，可以一以贯之得出结论，在当今飞速发展的时代，各高校应当十分重视文化品牌的塑造，提升自己的竞争力，创建高水平的校园文化环境，提升文化内涵和文化氛围，为高校内的学生和教职工提供良好的学习和生活环境，这是一项需要长久进行下去的工作。

第三节 高校校园体育文化的交流与传播

一、高校校园体育文化的交流路径

（一）政府要重视高校体育文化的交流

学校的体育文化不仅是自身文化的传承，还是学校之间、民族之间和国际之间的体育文化的传承和传播途径。高校作为全国莘莘学子的聚集场所，不但承担着培养人才的重担，同样还是文化宣传和传播的重要场所，逐渐成为一个国家和社会最重要、最有效的体育教育场所。高校在对学生传播体育理论和实践知识的同时，也在不断向学生传输体育文化内涵，这也是对于校园体育文化的一种传承和延续。不但如此，高校间也经常组织文化交流活动，使校园文化精神不仅在高校本身之中传播，同时也传递到了不同的民族、城市乃至国家之间，可以有效提升校园文化的传播效率，使得校园体育文化可以"走出去"，同时还可以不断吸收其他的新鲜血液，进行文化间的融合，实现"引进来"，这也是对自身文化的一种扩充。因此，高校体育文化从整个政府和高校的战略高度而言是具有重要地位的。

（二）深化和细化高校体育文化交流方式

对于我国高校的体育交流合作水平的提升一般可以从以下几个角度来入手：首先为加强学校间的体育学术交流活动，如从体育课程模式、体育教学方法、课外体育活动和体育教师教育等方面入手，或者定期举办论坛以及校际的访学活动；其次为加强校际的体育竞赛的举办，如大学组体育联赛或友谊赛等；另外为充分挖掘一些高校的地理和经济优势，将某些高水平运动队、高水平竞赛以及大型团体体操表演运行进市场，成为一种市场运营模式，以推动其经济价值的实现。

（三）找准和稳固学校体育交流与合作的切入点

一般民族之间或者国家之间，因所处地理位置和历史背景的不同，其经济、语言和文化也存在差异。但是体育突破了限制，能够让我国各民族之间、我国和其他国家之间通过学校体育文化进行文化交流和合作，从而促进了我国各民族之间的文化交流和团结，也增强了我国与其他国家之间的感情。体育文化的交流中蕴涵着丰富的人文精神，学校体育文化之间的交流成为民族之间、国家之间交流和合作的切入点。因此，找准切入点对于稳固学校之间的体育文化交流是十分重要的。

（四）建立和完善高校体育文化交流与合作机制

高校体育文化交流合作机制的建立，不仅是提升自身文化需求的途径，也是各国家、各地区、各民族、各学校的体育文化能够长足发展的保证。建立文化交流沿线，帮助沿线国家打开市场，将各国家的体育资源、学校资源、人才资源做到共享，这在国家和政府层面也是十分有利的，可以帮助各国家共同发展和使文化保持长期的繁荣昌盛。

二、高校校园体育文化的传播路径

（一）组建体育文化传播管理队伍

在高校体育文化传播的渠道、方式以及过程都发生了重要转变的情况下，高校应当尽快根据本校智慧校园建设情况以及体育文化传播需求，构建出一支综合素质较高的体育文化传播管理队伍，如此才能应对新形势下的管理挑战。该队伍组建方式较多，既可以由学校负责单独成立体育文化传播部门，也可以从原来的传媒部门中分化出体育文化传播子部门。在组建体育文化传播管理队伍的同时，高校需要注重成员的专业性和多样化，除了要纳入体育领域的人才，还需要充分纳入具备信息资源管理能力和传播媒介应用能力的人才。最后，高校还需要定期对其进行培训，深化其科学管理意识，强化信息化管理能力，为高校体育文化的传播与管理奠定人才基础。

（二）制定体育文化信息传播制度

高校体育文化信息传播制度既包含各信息传播管理队伍需要遵守的制度，也包括广大师生要遵守的相关规章与条例。对于管理层来说，要积极制定管理人员各项工作对应的制度，通过工作制度让管理人员能够实现工作岗位上的自我管理，从而在诸如自媒体平台申报、体育文化信息内容建设等相关工作中能够有章可循。对于广大师生来说，要完善体育文化信息的传播制度，通过教职工守则、学生守则等方式，营造出良好的体育文化传播氛围，杜绝恶性且暴力的体育相关信息传播。高校通过严格的制度建设，使体育文化信息传播的主体与客体都充分融入良性的传播环境中，有效感受到体育相关信息传播的规则文化。

（三）借助新兴媒介构建新型传播体系

随着科学技术的不断发展，高校体育的建设也逐渐跟上时代潮流，更加注重科技的赋能，使校园体育文化能够在更加广阔的平台上发展和传播，以及优化和完善。例如，微信朋友圈、公众号、微博、短视频平台、小红书等自媒体平台的兴起与发展，使校园体育文化也逐步被搬上更大的舞台，并且得到了更多人的关注和认可，文化传播主题类型更加多元化，传播方式较之前比也更加多样，整体也呈现出向外延伸的趋势。在传播学中，信息传播机制是指信息传播的表现形式、基本方法和过程，它由传播主体、传播渠道、传播媒介和传播客体构成。随着校园文化逐渐向网络信息化靠拢，网络虚拟空间也作为一种传播载体与校园体育文化相结合，创造出了更为新鲜的文化形式，涉及范围也逐渐拓宽。由此可见，只有做好相关的体育文化创新的保障工作，才能够保障校园体育文化能够在瞬息万变的时代洪流中长治久安地发展下去。

在时代大背景下，体育文化创新摒弃传统的传播方式，采用了更为新颖的新媒体传播手法，利用话语行为和叙事模式的转变吸引了众多参与者，以全新的面貌出现在高校师生面前，这种方式是更具参与性和体验性的，以人工智能、区块链等新的信息生产、传递和接收模式进一步颠覆了数据储存，用崭新的方式扩大了认同辐射范围。

从媒介文本的演变来看，新媒介对传统媒介的补偿直接体现在文本的互动中。新媒体平台的应用将学生这个文化传播主体进行拓宽，对于传播体系来讲，不再是最原始的言传身教，而是在一定程度上丰富了原有的内容体系和表达体系，拓宽传播渠道，以增强传播的效率和质量，有效丰富了传播材料，提升话语主体的对话能力。校园体育信息传播机制不仅包含了校园文化信息发布者，同时还包含有接收者，不仅仅是一类群体，而是整个文化宣传链上的全部的发布和接收群体，这对体育本身的功能和其育人功能的发挥都具有积极作用。由此得知，高校应充分发挥新兴网络媒体技术和多媒体平台在校园体育文化中的应用，以完善校园体育文化传播链条和进一步构建体育文化的管理体系为目标，最终为实现体育强国的战略目标贡献一份力量。

（四）完善体育文化各渠道传播监管体系

正是因为高校体育文化的传播渠道和主体具有多样性，所以对其进行及时监管具有必要性。在智慧校园建设的带动下，高校可以构建线上监管体系和反馈系统，以"可以自由但不能放纵"为主旨，对体育文化信息传播进行全方面监管，同时联合图书馆、教务处以及学生处等各部门共同参与到体育文化各渠道传播反馈系统中，及时筛选垃圾信息，阻断不良信息的传播，推动高校体育文化的良性传播。

第六章　高校体育教学改革发展

本章内容为高校体育教学改革发展，主要从三个方面进行了介绍，分别为高校体育教学改革现状、高校体育教学改革策略、高校体育教学改革的未来发展。

第一节　高校体育教学改革现状

一、新时代背景下高校体育教学改革的任务

（一）贯彻健康中国战略，增强学生体质

为落实习近平总书记在党的十九大报告中提出的健康中国战略，国务院在 2019 年出台了相关方案，大学生已经不再是作为学生本身，而是作为未来国家建设的接班人而存在，由此看来，其身体素质的提升对于国家健康中国战略的实践具有积极作用。从 1985 年我国组织的七次学生体质测试活动的数据看来，大学生的体质水平呈现出逐步下降的态势，甚至远远不及小学、初中和高中的学生。大学生的身体素质的下降，从侧面体现了高校对于体育文化建设的重视程度不够。一般高校的体育课程仅仅开设在大学刚开始的两年，并没有能够很好地实现增强大学生身体素质的教学目标，对于这一现象的产生，体育锻炼时间不够可能是大学生体质下降的主要原因。

目前，高校大学生每天进行锻炼的时间在下降，因此高校要不断加强体育课程在体育文化方面的建设，在大学期间的大三、大四阶段或是研究生阶段，同时也要开展体育的相关课程。只有结束无运动量，无战术，不竞赛的"三无课堂"的实行，同时增加体育课外的课余活动，才能让大学生体会到高校体育文化的建

设以及身体素质提升的重要意义，只有这样，大学生才能更加熟练地掌握运动技能。由此看来，体育课堂内的教学活动，以及户外的体育活动必须实行内外联动，才能够更加有效地提升大学生的身体素质和健康水平。

（二）以体育强国建设为目标，深化体教融合

习近平总书记在中央全面深化改革委员会第十三次会议上重复强调了体育事业建设的重要性以及工作要求，由此可以看出，体育强国的建设必须作为我国目前体育工作的总发展目标，才能最终实现由体育大国向体育强国的转变的发展战略。高校如何落实习近平总书记提出的工作要求？在体育文化建设方面，可以逐步建立起体育竞赛机制，使大学生在参加体育竞赛的过程中逐步提升自己的心理素质和身体素质，同时高校应加强学校代表队运动员的学生选拔活动，为高校体育文化逐步在文化建设中形成自己的体育教育品牌贡献一分力量，这对于国家体育强国的建设是十分有帮助的。尽管如此，但现阶段单一的竞技体育发展模式仍然严重阻碍了高校体育文化的建设，要想高校的竞技体育发展跟随时代发展的脚步，就必须要采取体教融合的发展模式，这也就是说，要将单一的竞技体育培养模式与国民教育体系相融合。这种培养方式既能够解决当代体育人才培养数量不足的情况，又可以通过不断的体育竞赛锻炼，使运动员的身体素质不断提升，可谓是一举两得。

但是我国高校的学生运动队的发展状况仍然不是十分乐观。由此可见深化体教融合体制的必要性，对于这种体制的实行，可以从以下两方面来具体论述：首先是国家层面，国家可以和体育部门相联合制定相关的经济扶持政策，以解决目前资金不足的问题；其次是从高校的角度来看，教学、训练和竞赛三大体系必须加紧建立和完善起来，只有这样业余学生的体育课外活动和高水平运动员的培养才能够同时进行，这样既节省了时间，又减少了经济资本，不仅可以向普通学生普及相关体育文化理念，同时也可以加强对于专业运动员的体育思想素质建设。

（三）以"立德树人"为出发点，充分挖掘体育育人的价值

党的十九大报告指出要贯彻落实党的基本教育方针，以"立德树人"为根本任务，实现素质教育的全面发展。有学者对当代大学生的道德情感进行了调查研究，结果显示大学生极度缺乏正直感、奉献感和公益感。由此可见，高校对于大

学生的思想道德水平建设仍然存在力度不够的现象。从立德树人的教育方针的根本任务来看，要先完善好一个人的德行，才能够更加全面地发展整个人。这个道理在高校的体育文化建设过程中同样是适用的。教学仅仅体现在体育理论知识和运动技能上是远远不够的，更重要的是教师对于大学生思想素质的教育和提升，这有助于帮助学生树立正确的三观。就像"体育"二字而言，仅仅关注到前面的"体"字是不够的，更加重要的是体育的育人功能。通过不断的体育运动的练习与知识技能的掌握，不仅可以丰富学生的专业知识，同时也可以对学生的身体素质和心理素质的提升具有很大的作用，如果同时加强高校体育文化学习环境的建设，那么对于体育的教育将是事半功倍的。不仅身体，大学生在思想和审美素质的提升将会得到很大提升，由此看来，体育相较于其他专业在育人方面是具有先天优势的。因此，随着时代新理念的不断发展，我们更要注重到体育这种独特的育人价值，而不能仅仅关注到其运动的特性，只有这样才能既为教育强国建设也为体育强国建设提供出自己的一分力量。

二、高校体育教学改革中存在的问题

（一）教师教学目标单一化

一般而言，对于大部分的高校来说，体育教育一般实行的是选课制度，也就是说体育水平高低不等的学生被分在同一个班级进行学习，这样就极大提高了体育教师的教学难度，在这样的情况下，老师不得不选择更加注重体育基础的教学和联系，而忽略对于较高难度的内容的教学，在这样的课堂上，学生仅仅是参与到了体育活动当中，但是并没有对其自身的身体素质和体育素养有很大的提升。同时现在的体育教师在课堂上过于注重安全保护，这就导致了体育教学内容的低级化，从而忽视了学生的实际运动需求，由此导致体育教学和实践的内容比例严重失衡。除此之外，对于健康理论的相关教学，学生仅仅能够从体育教师的口头表述中学到，不仅缺乏相对系统化和专门化的理论体系和教学模式，同时也极大程度上忽视了对于相关体育教材的应用，这就导致了体育教学的理论和实践内容是脱节的。同时对于大学生体育活动的参与度，仅仅是依靠将体育测试成绩与综合测试水平相挂钩的方式来使学生进行强制性参加，这样的方式不仅使体育活动的参与度得不到保障，同时也降低了学生对于体育学习的期待度和积极性。

（二）学生学习目标应试化

尽管体育是一项实践性极强的运动类课程，但在我国的教育模式之下，是采用期末考核收分的形式来对学生的相关学习状况进行评判的，这与其他文化类课程的评判标准是相同的。显然，学生在进行体育课程的选择时会充分考虑到课程的难易程度以及得分难易，这在一定程度上降低了学生学习体育活动的积极性，也迫使一些学生放弃自己的爱好项目而转去选择一些难度较低、得分更加容易的课程。一般高校的体育期末成绩组成大部分都是由日常的出勤率、体育课堂上的实际表现，以及最后期末测试的分数来决定，这样的评判方式尽管在一定程度上给予了学生认可，但学生在很大的可能性上仍然将体育课程作为一种获得成绩的工具，并没有将体育课程本身作为一种提高自身素质的运动去学习和掌握，因而高校的体育教育也就变成了一项"应试化"课程的学习，而缺乏对于学生学习自主性的培养和健康意识的养成，这种期末考核方式严重阻碍了高校体育文化建设的进行。

（三）体育教学选课定位方式模糊

在大部分的高校体育的教育过程中，对于体育课程的定位是模糊的，考虑不清到底是为完成教育目标而设立，还是为完善学生的身体素质而设立，这是背道而驰的。大学生相较于高中生而言，升学压力明显减少，在课程设置上也不是小班教学制，而是有了更加充足而自由的时间，这些时间用来进行体育课外活动是最好不过的。但大部分大学仅仅在大学的第一学年和第二学年才设立体育课程，同样还有课程不够多样化，缺乏对于学生多样化需求的注意。对于体育素质参差不齐的学生群体而言，选择了更加专门化的体育活动，而忽视了对于最基本的体育素质的培养，这是本末倒置的，所以，高校应该在体育的课程上加深思考，明确自身定位，才能够帮助学生更好地去成长。

（四）课内外一体化教学效率不高

一般而言，对于高校的体育教学有课上教学和课外锻炼两种形式。对于体育课堂上的教学，所面向的教育群体数量是十分庞大的，基本涵盖了全校的大多数学生，而且大部分是非体育专业的其他专业的学生，主要在课堂上进行的是对于体育锻炼的指导。而对于体育教学的课外锻炼课堂，它是一种长效化的教学机制，是作为高校学生身体素质和体育素质的根本教学途径而存在的。在体育的第一课堂上，也就是体育的课上教学，教师为保障教学目标的完成和教学效率的保证，会采取用成绩和考试评价的方式来强迫学生进行体育活动的参加。而对于体育的第二课堂，也就是课余时间的体育锻炼，在大部分高校是缺乏教师的指导和管理的，因此执行效率不高，学生积极性也调动不起来，也是因为第二课堂并不是强制性的，虽然教师会布置一些任务交代课下去完成，但是缺少了成绩的压迫性，学生们也就变得倦怠了，教师也缺乏执行力，因此大部分的课外体育锻炼仅仅是流于形式，而并没有达到本身课程设置时的目标。

（五）场地设施和师资建设有待加强

随着国家对于体育教学的重视程度提升，高校也不断招揽人才和学生，也就导致了一部分高校出现体育场馆建设缺乏的情况。体育场馆遂作为教师教学和学生开展体育活动和发展体育育人功能的场所。目前关于高校体育场馆设施配备方面规定高校每个学生不得低于 $4.7\ m^2$ 的室外和 $0.3\ m^2$ 的室内场地设施配备面积，大部分的高校还远远达不到这个水平。对于师资建设方面，随着体育教学改革的实行，也就要求了体育教师有更高的教学素质和教学水平，这是因为教师才是人才培养方面的关键所在，教师的质量直接决定了体育相关的教学目标能否实现。目前，高校体育师资的学历普遍不高，人员仍有很大缺口。

（六）教育理念和教学体系有待完善

一直以来，高校对于体育建设方面的教育都是重视程度不足，大部分管理者和师生还是受到传统的教育观念的影响，仅仅重视体育所带来的成绩而忽视对于育人方面的体育建设，教育理念并没有与时俱进，教学体系仍存在一些漏洞，急需去进行完善，这些问题可以从以下几方面体现出来：第一，体育教学模式单一。绝大部分的学校的体育课堂教学仅仅是停留在课上，对于课下的第二课堂的运用是忽略的。第二，体育教学内容陈旧。高校大部分的体育教学内容与高中甚至是小学的体育教学课堂内容都是差别不大的，这充分体现了现在的高校体育课堂教学内容缺乏新意和创造性内容，对于学生积极性的建设是十分不利的。第三，体育教学方法单一化、孤立化。体育教学的过程还是以教师为主导，大部分还是以知识的灌输为主，而忽略了体育运动的主体是学生本身。第四，体育教学评价不完善。对于体育教学的评价内容还仅仅停留在教师对于学生的课堂表现和期末考试去打分，而缺乏对于体育活动的行为和健康方面的过程性评价，体育教学评价的多元化和全面性是很难体现出来的。

（七）思政元素挖掘和融入有待加强

大部分高校对于体育课堂的教学还是仅仅停留在知识的灌输和体育技能的指导层面，而缺乏对于学生思想层面的指导。对于学生的思想教育不应仅仅限于高校的思政课堂上，而是应该同样贯穿于高校全部课程的教学之中，体育教学也不例外。随着国家对于高校体育教学的不断重视，体育课程也在不断进行改革以适应时代的变化和发展，同时也要将课程的思政建设加入体育教学的教学目标中。但从目前看来，高校体育课程的思政改革仍存在很大的问题，如体育课程缺乏思政引领，思政课程的假设还仅仅停留在起步阶段，发展速度十分缓慢。在体育课程的教学过程中，教师要注意将思政元素融入教学，不能仅仅停留在知识技能的教学当中，对于学生思想层面的变化也要十分关注，要将学科资源和课程资源转化为育人资源。所以这是目前体育教学改革过程中急需解决的一项重大课题。

（八）体育教学评价方式改革有待明确

目前来看，高校大学生对于体育教学改革的评价方式的认知具有很明显的单一性，没有具体而明确的目标存在。一般大学生对于体育课堂的理解还仅仅停留在很容易拿到分数上，认为只要在课堂上完成教师布置的任务就足够了，而没有去进行更深层次的思考，课下也缺乏相应的体育锻炼，缺乏对于体育锻炼的主观参与度。

第二节　高校体育教学改革策略

一、学校方面

（一）改善学校体育场地设施

体育场地设施是高校开展体育教学活动的物质基础，对于教学体育设施的建设和完善可以从以下几方面来入手：首先是国家层面，对于高校的体育设施建设，国家应当给予一些政策上的倾斜，增加对体育文化建设的重视程度，并且适当给予一些资金上面的补助；其次是高校方面，高校作为建设者本身，不仅仅是要完成国家和政府布置的任务，落实工作要求，同时还有增加对于资金的投入和对于场地设施的利用率，如可以利用场地套用的方式来增加排球、羽毛球、乒乓球等运动项目的活动场地，以有效解决环节场地的短缺问题；除此之外，高校还可以充分利用社会资源，有地域周边的一些社区场馆常态化合作项目，如"冰雪运动进课堂"等活动，将高校所缺乏的冰雪运动的教学充分加入体育课程的建设，以丰富教学活动。

（二）加强体育师资队伍建设

体育教师是体育教学中不可缺少的一个角色，是教育发展的第一资源，是为实现国家富强、民族复兴所不可缺少的一类专业化人才，因此高校要着重重视对于体育教师的队伍建设，一般可以从以下几个角度着手去做：第一，加大对于高学历和高水平人才的引进力度；第二，加大对于教师素质的培训力度，要对于理念、知识体系和能力结构的教育进行优化；第三，切实完善对于教师评定的管理体系和制度，完善对于体育教师的教师聘用、考核评价以及职称评定等评价标准，以及将各项体育课外活动中体育教师的参加也计入教师的工作量，以保障教师的工作积极性和工作热情，为后续高校体育文化的建设进行人才的储备。

（三）提高高校体育人才储备

为跟随新时代的教育观念的转变，拓宽高校师生的视野，体育课程的相关教学内容也要随之进行改革，将过去重体能、轻技能的思维定式转变成为更加完善和多样化的体育教学管理体系，增加更加丰富的体育活动形式和体育活动项目，这种思想的转变具有以下几点重要意义：首先是可以丰富体育教学的教材和材料，以帮助师生进行体育相关知识和运动技能的完善和相关知识体系的架构，不仅可以提升理论知识水平，同时还可以让学生们熟练掌握多种运动技能；其次高校体育部门要注重体教融合机制的建立，解决体教分离的现状。这种制度的实行就要求教师在教学过程中充分融入育人理念，建立科学有效的健康成长激励机制，进一步体现制度融合的红利；另外同样要重视对于业余运动体系的建立，及时补充体育人才，帮助建成更加完善的体育教学体系，同时在教学过程中要注重对于学生特长和个性的发展，着力于体育专业资源融入教育领域，打造育才一条龙的运行机制，这对于未来国家体育人才的储备是十分有帮助的。

（四）组建体育教师网络教学团队

随着网络信息化教学制度的发展，高校的体育课程建设也同样需要融入多媒体信息化元素，高校可以加强对于学校本身的互联网信息化平台的建设，组织体育教师在网络平台上进行集体的备课、观摩和讨论学习等，完善对于体育课程的革新，构建互联网教学共同体和网络教学团队，有利于学生在大环境下可以有效补充网络学习资源；教师不仅仅在备课阶段，在教学阶段也可以充分利用互联网资源和"互联网+"技术以对传统的体育教学模式进行改革和创新。在体育教学的改革中，要充分将互联网思想进行宣传和传播，鼓励一些年龄加大的教师同样可以将互联网技术应用到日常课程的教学活动中来，以提升高校体育教学的开放性。通过教师培训一些智能化教学软件的应用，可以有效帮助教师监测学生的体育活动的具体情况和水平，如校园乐跑软件等；或者是可以使用爱上云课软件对学生的日常体育活动情况和测试数据进行整理和归纳，以便于数据的统计和汇总；同时可以在一些互联网自媒体平台上上传一些关于体育教学和体育锻炼的知识和内容进行扩展和深化，有利于学生多方面的全面发展；组织教师编写网络教材等，可以有效帮助高校间实现教育资源的共享以及对于学生在体育课堂上学习内容的深化。随着时代发展，高素质的体育教师团队已经变成了现代化高校体育文化建设的必备之一。

（五）加强高校高水平运动员梯队建设

随着体育文化建设的不断深入和发展，高校也在不断完善相关的体育竞赛机制，这无疑对于学生的全方位发展是具有积极作用的，同时有利于学生民族素养的提升。高校体育竞赛的开展一般是采用与社会和市场对接的方式，以选拔高水平和高素质的体育运动人才，整个过程都是公开、公平、公正的，对于青少年身体素质的提升也是具有积极作用的。为加强高校的运动员梯队建设，学校有关部门应充分"敞开校门"，广泛招揽贤士，以及充分利用现代大学治理先进制度的意识去建设高校运动员队伍，最终形成高素质梯队。在梯队的建设过程中，同时还需要注意对于选拔机制和教练员的人事制度的完善，形成多领域、全方位的竞争机制，以打造多元化和年轻化的运动员队伍。对于人才选拔渠道的拓宽，一般采用资源互融、活动互促的方法，使青少年体育治理多元要素得到整合。对于体育师资力量的建设也要给予相当的重视，健全体育教师管理和培训制度，打破传统的教学运行机制，以建立复合型训练团队为目标。同时还要加强对于运动员队伍的思想道德建设，将体育文化元素融入平时的训练和教学当中，以打造浓厚的体育文化氛围，按照"普及—精英"一体化设计理念进行师生的配置，在加强体育训练的基础之上，保障运动员们可以顺利完成学业，并对其进入社会的就业给予一定的扶持，来保障高校运动员梯队的建设。

二、教学方面

（一）深化体教融合

随着高校体育文化建设的不断深入，"竞技体育"这个字眼逐渐进入人们的视野。目前比较发达的体育强国在竞技体育方面都有自己独特的一套发展模式，如美国的"小学—中学—大学"全链条的培养体系、德国的"俱乐部模式"、澳大利亚的"学校＋社区俱乐部模式"、日本的"学校＋企业模式"等。而对于中国而言，最适合我们的就是体教融合的发展模式，这是为适应时代的变化和发展而提出的一套具有中国特色的竞技人才后备力量培养方案。不仅我国高校的体育课程，小、初、高中的体育教学也同样具备这些问题，如课程内容繁多、体育学习"蜻蜓点水"、各学段"低级重复"等，这也就是为什么现在的大学生们虽然已经具有了十几年的体育学习经验，却仍然没有熟练掌握一项技能，对于体育学习的积极性不高和"应试化"现象明显，就导致了学生们很难形成终身的体育学习理念。因此，为缓解或者是完全转变这种不正确的体育观念，就需要对"教会、勤练、常赛"的体育理念能够做到精准把控，使其成为常态化、规范化、系统化的教学模式，这是十分重要的，可以为高校体育运动员梯队建设提供有保障的人才储备，筛选竞技人才。下面将从三方面来具体进行论述。

第一，是"教会"。"教会"是后期"勤练"和"常赛"的基础，只有根基牢固，才能保障后续的操作能够顺利进行。首先要明确"教会"的主体是教师，只有教师能够清晰地明确自己的教学目标和教学任务，并且对所要教授给学生的内容可以熟练掌握，并加以研究，使教学课堂更加丰富多彩，才能够为学生的学习过程提供保障。除此之外，体育教学的核心仍然是学生，要将学生作为教学主体，教师的教学不能是盲目的，而应该使学生的学习质量得到保证，从教师"教了多少"转变为学生"会了多少"，只有这样学生才可以将所学习到的内容付诸实践，教师才是真正将自己所讲授的知识传递给了学生，而不仅仅是单纯地灌输知识。因此，"教会"是根基，也是实践的关键所在。

第二，是"勤练"。顾名思义，"勤练"就是勤加练习，只有练习充分，前面"教会"的知识和技能才能够更好地掌握和灵活应用，它是提升自己运动水平的一条必由之路，是不可跨越的。"勤练"需要的不仅是运动技能，同时还需要运动兴趣，二者均是保障，是基础。首先，对于教师来讲，对于学生运动技能的训练不能以偏概全，要注重学生的个性和多样化的运动需求，只有关注到了这些方面，教师才能够更加合理地制订出符合学生自身的教学和练习方案，丰富练习方式，在提升运动技能的同时，保证学习热情和学习兴趣始终高涨，使其乐在其中。而"勤练"的关键就是"度"的把握，这就要求教师在训练计划的制订过程当中，能够既保证强度到位，也能够保证有适当的密度，学生不至于通过过于不适于自己的运动强度和密度，丧失对于体育的热爱和对于学习的积极性。只有这样，学生才能磨炼自身的意志，提升自身的心理和身体素质。但仅仅是通过在体育课堂上有限时间的训练是远远不够的，学生为提升自身的运动素养，就会积极加入课后的训练，提升自身的体育锻炼自主性，对终身体育观念的养成也是十分有帮助的。

第三，是"常赛"。竞赛是可以帮助运动员迅速提升实战水平的一条重要途径，不仅是对于体育运动技能的体现，同时也可以实现体育的育人功能。"常赛"不仅是要保证数量，也要保证质量。让学生在竞赛中不仅可以充分认识到自己的不足，还可以感受到体育文化的魅力，在达到"以赛促练"的目的的同时，还可以提升学生的思想素质。体育教师在对于高校体育竞赛制度的过程中要注意，不可以仍然维持传统的体育竞赛观念，应当在其中添加一些新鲜且富有时代性的观点，如根据学生的情况设计一些简化的、游戏化的教学比赛等，让学生在竞赛中不仅可以获得成长，还可以收获乐趣。高校的体育竞赛不可仅仅局限于体育专业的学生，应该扩大宣传范围和力度，将其他专业的学生吸引过来，鼓励学生们踊跃报名参加，要将体育竞赛作为一种常态化、多层次的体育活动来看待，这样对于高素质运动员的选拔是十分有利的。

（二）创新体育教学模式

在改革创新的时代潮流之下，高校对于体育教学的建设也应当摒弃传统教学模式当中落后的观念，以实现健康促进和精英人才的双重育人功能为目标，认真落实国家和政府下发的相关政策和文件，努力实现"以赛促健康，以赛促发展"的改革目标，完善现有的体育竞赛机制，将师资队伍的建设和高素质、高水平人才的选拔摆在首要位置，以加快高校体育制度的完善和建立，做好国家体育人才的培养和输送工作。在体育教学的创新过程中，要注意处理好"学"与"训"之间的矛盾关系，有效做好相关落实工作。基于当前的体育教学现状，教师应当将学习时间和训练时间进行统一，以师资互通的方式积极制定健全协同育人机制，注重相关体质机制的完善，以形成体教融合的合作机制和有机统一的体育管理和训练制度。同时对于高校的赛事体系要进行抓紧完善工作，推动体育文化知识的普及和接续发展。在新时代高校体育制度的建设过程中，可以以国际青少年体育冬夏令营为契机，进一步发挥智力资源优势，扩大国内外体育文化交流平台和与国际教育机构的合作深度，对资金的筹集和改革的建设都是具有积极作用的，同时可以有效集中高校的人力、物力资源，实现国内外文化资源与教育资源的共享。在新改革的教师聘用体制下，可以设置多样化的教师岗位，允许多种师资聘用模式并存，以保证教师队伍的日常化教学活动可以有效进行，确保一校一品的实现。

（三）搭建互联网教学平台

对于高校互联网平台的搭建，可以有效缓解教学资源分散的问题，同时加强对于体育教学过程中所产生的数据和信息的分析和整理，缓解师资队伍数量不足以及质量参差不齐的现象。同时随着高校对于互联网技术应用的不断深入，体育教学也逐渐将教学资源与学校的新媒体传播平台相结合，如建设体育部校园网站、学校体育工作公众号以及冬奥志愿者服务公众号等，社会体育方面的新闻，以及冬奥会的相关知识和身体素质的提升方法等这些内容都可以在学校相关的体育新媒体平台上看到，学生们可以共享教育资源，同时也为广大师生提供交流和互相成长的平台和空间。与此同时，教师还需要在新媒体平台上进行注册账号，将所任课班级的学生拉到班级群内，以有利于体育相关的知识的推送和任务以及课下作业的发放等，如动作技能学习微视频、运动能力提高计划等内容，可以有效帮助学生提高对于体育活动的积极性，增强体育课堂的学习效果。

（四）优化网络课教学资源

互联网技术的广泛应用可以有效提升网络教学资源应用的广泛性，对高校的新媒体平台的推广也有一定的积极作用。高校网络教学平台可以有效将网络学习资源进行整合，同时也方便教师对教学内容进行创新，以丰富体育教学的内容和形式，提升高校体育文化氛围，丰富教学情景，对体育教学结构和网络进行完善。体育教师同时也可以结合体育教学的目标以及大纲等内容，制作教学微课、教学慕课或录制编辑制作运动宣传片等。例如，河北建筑工程学院的网络课程建设就集中了身体素质练习视频、健身操教学视频和武术操教学视频等教学内容，以及还有冬奥会知识与健身锻炼安全知识等系列微课和冬奥会相关的项目系列宣传片、运动安全知识片、志愿服务培训知识片以及礼仪教学讲解片等，对于课堂体育教学的内容是很好的拓展和补充。

（五）构建立体化体育教学体系

高校作为学校教育的顶层，应着力构建高校体育教学体系，将专业化人才的培养与正常的体育教学工作相结合，既可以高效完成体育教学目标，同时又可以通过体育竞赛和课余体育活动的举办，在其中选拔有潜力的高校体育人才，使其加入高校的运动员梯队，为全面提升学生的身体素质提供保障，同时也可以为向社会和国家输送体育人才做好储备和培养工作。在构建立体化的体育教学体系的过程当中，有以下几点需要尤其注意：第一，要保障最基本的体育课堂的教学质量。不仅是保证完成教学目标，同时也要保证体育课的数量和时间，严格贯彻落实"健康第一"的教学理念，不断对体育教学的方式方法进行完善，吸引更多的大学生加入体育活动。第二，要保证体育课余训练和竞赛活动的标准和执行力。保证高校体育赛事的常态化举办，这对于大学生身体素质的提升和体育终身理念的塑造都是具有积极作用的。不仅是学校举办的体育赛事，对于区域性的体育赛事学校也要采取鼓励的态度，以在更大程度上提升学生的体育运动水平和体育素养，让学生可以在更大的平台和空间当中去充分展现自己，这对于大学生的全方位发展也是十分有帮助的。在体育教学体系的建设过程当中，奖惩制度的设立也是十分重要的，可以有效提升学生参加体育赛事和活动的积极性，如设立体育奖学金等。第三，大力推广以学生为主要活动群体的体育社团和俱乐部等，以此可以充分整合人才资源，利用高校的资源选拔专业化运动员，以打造学校的体育品牌，提升高校的竞争力。第四，教学体系的建设要充分维护学生的个性化发展需求，支持多样化的体育活动的开展，这样既满足需求，又有利于学生的全面发展。

（六）利用互联网技术健全评价体系

利用互联网技术健全体育教学的评价体系是对于体育教学改革的一项重大举措。体育教学一般分为形成性评价和终结性评价两部分，形成性评价的形成一直是作为体育教学的难以解决的问题而存在的，这是因为对学生的动作学习进行全过程跟踪，对于现阶段而言是十分困难的，尤其学生的自律性不高就导致了评价的难度不断提升。由此就可看出互联网评价体系的重要性和必须性，既可以降低形成性评价的难度，提升准确率，又可以对教师的态度、水平和教学方式等进行评价，是一个一举两得的教学工具。

一般高校的教学质量评价会通过问卷调查、开座谈会和发放匿名评分表等形式对学生进行发放，这种形式充分利用了互联网的优势，对所收集上来的信息进行分析，得出学生对于体育教学内容的掌握程度和对教师教学态度、方式和效果的评价反馈。对于学生体育教学的质量，一般高校会通过使用相关体育软件对学生的体能、体质情况、测试达标率等进行系统的评分量化，这样就可以较为准确地完成学生的形成性评价。体育教学的评价体系不仅可以帮助教师去掌握学生本学期的学习情况，同时可以帮助学生养成良好的体育运动习惯，对于其终身的发展都是十分有帮助的。

（七）强化高校体育教学的育人导向

高校体育的教学目标一般是"体质增强 + 精神塑造"，二者的有机结合才能够更为全面地提升学生的体育素质和水平。这一目标的设立是以两方面需求为基础的：首先是学生对于体育教学内容和形式等方面的需求，另一方面是教师"以学生为主体，教师主导"理念的塑造，需要对学生在课堂上的行为和思想状态进行引导。教师本身也要加强思想道德建设，对学生加强体育文化引导，树立服务意识，让体育回归到教育当中。由此可以树立起学生终身体育的观念，使体育文化氛围在高校更加浓厚。同时也要注重现代化科技技术的应用，根据学生的具体化需求，制订个性化课程，如录制理论课、技能课的视频课等，来满足学生的学习需求，扩大交流空间。

（八）深入挖掘体育教学中的思政元素

思政元素的核心在思想、定位在政治、根本在育人。"体育"二字中就包含着育人的理念，与其他课程相比是具有先天的优势存在的，因此，在体育教学的过程中，要尤其注意品德和思想层面知识和观念的传播和引导，以实现体育和德育的有机结合。

在体育理论的学习过程中，师生是可以感受到浓浓的爱国主义情怀的。从中华人民共和国成立之初起，中国在国际上已经成为"体育强国"，由最开始仅仅是参加奥运会到现在北京已经成为"双奥"之城，在奥运奖牌榜的前列始终有着中国的名字，所参加的运动项目由最初的仅仅几项已经升级到了全面开花，运动健儿在运动场上奋力拼搏的模样，无不展现了为国争光的爱国主义情怀。

体育学习的过程，不仅是一项运动技能的掌握，同时也是磨炼意志，养成优秀品德的过程。在体育运动的过程中，必然充满了无限的汗水与泪水，经历了无数次跌倒和挫折，最终仍然咬牙坚持站了起来，这就是体育精神和体育文化在生活中最真实的体现。这个过程是磨炼意志的过程，也是挑战自我的过程。在体育赛场上总是充满了令人感动的瞬间，通过对于这些事迹的了解，可以让学生更加深刻地体会到团队合作、遵守规则和尊重对手的重要性，这些体育文化都是在无形之中塑造着一个人的品格，帮助学生在困境中成长。

在参加体育竞赛的过程中，同样对于学生综合素质的提升也有很大帮助。例如，学生抗压能力、情绪控制能力以及规则意识的培养都是可以在如乒乓球、羽毛球、网球等个人项目中体现出来的；学生团队精神是可以在足球、篮球、排球等集体性项目中锻炼出来的。每个人在团队当中都是不可或缺的一分子，都是集体上的重要一环，只有自身得到成长，才能够帮助整个团队更好地成长。

三、课程方面

（一）完善高校体育课程体系

对于高校体育课程的完善可以从以下几方面进行：第一，在选课阶段要充分遵循学生的意愿。在具体的选课流程开始之前，要对学生的体育情况有充分的了解，根据学生的实际情况进行分班，可以用分级分层的教学选课模式来解决目前学生水平参差不齐的情况。第二，改变教学评价方式。放弃原始的期末考核评分方式而转而使用"过程性评价＋终结性评价"相结合的方式，这种方式更加注重的是学生的学习过程，而不是"唯分数论"的评价方式，学生可以通过自身的努力来取得高分；第三，对教学模式进行创新。从传统三段式（准备部分、基础部分、结束部分）的教学模式向多种综合化的教学模式（情景式教学、探究式教学等）转变，以此来提升整体的课堂教学氛围。

（二）构建高校体育"课内外一体化"

在体育教学的课程方面，不能仅仅注重课上的教学，同时要重视课堂内外教学的联动，如课外竞赛、组建体育社团、体育俱乐部等形式，这样不仅可以提升学生对于体育学习的积极性，同时可以帮助学生养成良好的体育锻炼的习惯，以提升学生的身体素质。在课外的体育教学过程中，教学内容一般更为娱乐化和自由化，内容设置一般以身体、娱乐、休闲、竞技和人文等方面为主，以高度弹性化、立体化课程结构为辅。在课外教学中，教师所起到的是辅助作用，这与课上教学是不同的，教师仅仅是起到辅助和指导的作用。学生通过参加这些体育组织所举办的活动，可以更快速地建立起对于体育活动的兴趣，活动方式更加多样，活动的学生也来自不同的学院和专业，可以更好地拓宽自己的朋友圈，建立起更加广泛的人际关系，有助于学生的全方位发展。同时对于课外体育社团和俱乐部的管理仍要加强，可以安排体育教师进行管理和指导，这对于其形成更加专业化和系统化的管理体系是十分有帮助的，学生们对于在课上所学到的技能也有了空间进行复习、巩固和实践。

第三节　高校体育教学改革的未来发展

一、体教融合

（一）时代背景

随着时代的不断发展，我国人口激增，但高校的数量毕竟是有限的，当代大学生就面临了很沉重的升学负担和就业负担，也伴随着课业的增多，很多学生都长时间坐在课桌前，缺乏运动，就导致了身体素质的急速下降，同时心理也会伴随一些问题的产生，如肥胖、近视和抑郁症等。这一现象表明，大学生急需参加到体育运动中来，但目前高校的体育文化建设不足，管理制度存在漏洞，学科发展水平不高，"体""教"分离现象严重，这就要求高校必须走体教融合发展之路，就是要从顶层设计、政策体系帮助体育与教育实现真正融合，这样才利于大学生自身素质的发展。

（二）目标内容

体教融合坚持树立"健康第一"的教育理念，以广大青少年为服务群体，主要采取多元主体共治的方式来进行实行，以体育部门与教育系统为两大主体，成立双责任组织关联，制定微观层面的措施对策。形成多层次、全领域、全阶段、全方位的合作机制，以促进体教融合的实施方案，最终以形成体育与教育循环互动的整体，实现"1+1＞2"的目标。为最终能实现大学生身体素质和心理素质的全面提升提供制度基础，帮助大学生树立终身体育的理念，在体育活动中可以体会到健康带来的快乐。

（三）融合原则

1. 人本发展原则

高校的体教融合机制是从主体的角度出发，以提升大学生的身体素质为根本立足点，以情感、身体、认知为抓手，以"人本"发展为原则，旨在促进青少年的体育健康认知观念的转变和发展，以满足大学生的多样化体育需求。

2. 公平发展原则

在体教融合机制的建设过程中，高校应对大学生的家庭背景、身体条件等因素有基本的了解和掌握，正是由于大学的个性化特质，就要求高校要打破行业和领域壁垒，充分发挥其高校本身的地域和文化优势，以相互交融的模式实现学生的均等化发展，保证公平、公正、公开理念贯彻始终。

3. 效率发展原则

高校在机制的运行过程中应充分发挥模范带头作用，深刻把握发展总方向，秉承"有所为而有所不为"的开拓精神，进行不断的尝试和试错，拓宽发展轨道，合理设计体育参与制度，按照全盘接收和局部创新的部署，打造体教融合新机制，为高校体育文化的建设构建高效率发展途径。

二、互联网技术的应用

（一）互联网时代下体育课程的革新

纵观我国体育发展史，课程的社会本位价值取向、学科本位价值取向和学生本位价值取向随时代变化发生变迁，对于未来的发展方向将会以体育的核心素养为主体，对于体育课程的革新也会围绕运动技能和文化素养等方面进行。由此得知，在进行体育课程的改革过程中，尤其注意学生的主体性，将课程内容和实践结合起来，以构建更加系统化和结构化的课程体系。

互联网技术也将成为改革后的体育课程教学新元素，不再仅仅是单一的教师讲解，学生练习的体系了，而是更加注重对于师生之间情感上和思想上的交流以及思维碰撞出的火花，对于课程的评价的反思一般是双向的，而不再是仅仅指向学生的单向箭头，这些方式上的革新可以有效提升学生的学习效率和学习积极性。

（二）应用互联网技术的意义

通过对于传统教学模式的变革，打破了学生和教师在时间和空间上的壁垒，为体教融合提供了更加方便快捷的运行通道，对于高校体育的教学改革具有划时代的意义。

1. 有利于因材施教

由于学生本身就存在的个体性差异，学生无法适应传统教师的教学模式，因此就要求教师要因材施教，以适应不同学生的学习需求。随着互联网技术的普及，教师可以充分利用多样化信息教学平台，方便学生根据自身的情况可以提前对课程进行了解，不管是学习的主要内容、授课方式、场地器材，还是师资水平和教学的重难点，学生都是可以在网络平台上看到的，不但如此，学生还可以对喜欢的课程和任课教师进行提前选择。不仅是学生，教师也可以通过网络平台对学生的学习情况和运动情况进行监控和数据分析，以便于对于不同的学生调节课程的进度和内容，实现差异化教学。不仅如此，互联网平台还可以提供丰富的课外教学资源，以便于学生对教学内容及时进行拓展和补充。

2. 有利于增进师生情感

传统的体育教学一般是小班教学制，以班级为单位，这就导致了教学所使用的时间和空间都是十分有限的，且对于人数较多的班级，教师的精力毕竟有限，无法关注到每一位学生，这就导致原始课堂缺乏互动性。通过互联网技术的应用，教师可以在网络平台上建立线上班级群或社团群等社群，以起到加强师生交流的作用，也方便教师及时发布通知等信息，同时对于学生学习积极性的提高也是十分有利的。

3. 有利于提升教师教学技能

传统的高校体育教学一般仅仅集中于课上，对于教学方法的应用也十分有限，一般是面授和讲解示范等来指导学生对于体育技能的学习，这无疑在一定程度上降低了学生的学习兴趣，对于教师的体育素养要求不高。而相反，网络教学就要求了教师必须具备更高的素质，不仅限于录制学习视频和制作微课的技能，还应能够熟练使用腾讯会议，QQ 群直播等平台和运用小程序等进行作业的批改和评价。教师对于网络媒体的熟练度越高就能够更好地对体育课程加以创新，同时对学生的学习水平的提升也是具有积极作用的。

4.有利于培养学生终身体育的能力

高校的体育教学是以掌握 2~3 种运动技能和锻炼方法为目标，旨在提升学生的身体素质，从而提升学生的身心健康水平，以形成"终身体育"的理念。互联网教学技术的应用不仅能够提升学生对于体育活动的兴趣，同时还提升了学生的运动技能水平，为学生终身体育能力的培养奠定了基础，同时对学生健全人格的塑造是具有积极作用的，可以真正发挥其社会价值。

（三）互联网时代下体育教师的角色

1.开拓者

体育教师不仅是作为知识的传播者而存在，同时还是体育教学的开拓者。而教师的开拓对象并不仅仅限于学生，还有教师自身。对于学生而言，开拓就是对于学习能力和情感态度的挖掘，而对于教师来说，就是对于教师素养的拓展。在当今社会，新媒体技术不断涌入大学校园，这就要求教师可以紧跟时代潮流，发展自身的信息技术素养和运用信息技术辅助教学的能力。只要教师有实力傍身，就不至于会被时代所淘汰。

2.建构者

体育教师同样是体育教学体系的构建者。他们将体育教学课堂搬上互联网平台，这对于体育教学来讲是一次重大的革新，使学生的学习环境不再仅仅限于教室和图书馆，而是拥有了更加广泛的教学资源，"互联网＋"打破了知识仅仅是由教师所垄断的这一壁垒，"知识平等"的理念也逐渐传播到各大高校。为满足学生个性化的学习需求和时代需求，混合学习模式应运而生，其核心思想是以混合形式实现传统教学与现代信息技术支持下学习方式的优势互补来获取学习效益最大化，是互联网技术与传统体育教学的有效融合模式。

3.引领者

体育教师同样也是体育教学和体育文化建设的引领者。在互联网技术应用普及之前，传统的体育教学着重研究的就是学生的身体素质和体育测试成绩，是互联网平台的建立和多媒体技术的应用才打破了这一局面。随之而来的不仅仅是好处，同时也是存在一些问题的。例如，学生缺乏明辨是非的能力，对于接踵而来的资源，学生只是一股脑的接受，并没有进行仔细的甄选，看似是提升了知识的储备量，但没有知识体系和架构的知识都是无用的，这就导致学生走进了学习的误区，反而导致了学习效果的下降。在这时，教师就应当充分发挥其引领者的身份职能，帮助学生对应接不暇的资源进行整理和归纳，选择出适合自己现阶段的知识进行吸收，这样对学生的学习质量的提升是更加有效的，同时还引导学生积极心态的产生，建构符合社会主流的价值观，使教育的影响"无处不在，无时不有"。

（四）体育教师的"互联网+"应用

1. 实现教育资源共享

随着互联网技术的不断应用，高校体育的教学环境早已变得更加开放和互通，一些线上学习平台的创建，使体育资源得到共享成为可能，学生可以无时无刻学习到体育的相关知识和技能，打破了时间和空间的壁垒，使学生不断增长见闻，拓宽视野，还激发了学生的学习热情和运动积极性，对于终身体育理念的建立是具有积极作用的。由此可见，互联网不再是仅仅作为传播平台而存在，而且在学生的学习过程中还充当了"体育教师"的角色，这无疑对于体育教学的改革和建设是十分有利的。

2. 数据中进一步认识学生

互联网对于数据的整合和分析能力是十分强大的，这是人类所远远不及的。在网络媒体发展的大背景下，学生在校园的学习模式、消费习惯以及课程选择都在逐渐发生转变，这些在网络上所进行的行为都是会在网络上留下痕迹的，这些数据网络痕迹正是网络信息的分析来源，通过这些数据的分析可以帮助学生能够更好地学习，选择更具有适用性的教学方案，有针对性地进行体育活动，避免强度或密度的安排不合理，给身体和心理造成不适，根据学生的数据分析结果，教师会及时对教学活动安排和进度进行调整，这样的教学模式是十分高效的。

3. 丰富教师的教学形式

随着"互联网+"时代的到来，体育教学的形式也不断丰富起来，极大提升了教学的效率和质量，可操作性也较传统的教学模式有很大的提升。例如，慕课、翻转课堂和微课等新型教学形式的出现，就极大地提高了体育教学的灵活性和开放性，对于新型体育模式的改革是十分有利的，这样的教学模式可以有效帮助教师更好地对课堂进行掌握，以便于教学计划的调整和更改。

参考文献

[1] 梁德清. 高校学生应激水平及其与体育锻炼的关系 [J]. 中国心理卫生杂志，1994（01）：5-6.

[2] 黄汉升，季克异. 我国普通高校体育教育本科专业课程体系改革的研究 [J]. 体育科学，2004（03）：51-57.

[3] 池建. 论竞技体育与高等教育的结合 [J]. 北京体育大学学报，2003（02）：149-150+159.

[4] 顾春先，邬红丽，肖波，等. 中国高校校园体育文化指标体系研究 [J]. 体育科学，2010，30（08）：41-48.

[5] 季浏. 我国基础教育体育课程改革对高校体育教育专业课程改革的启示 [J]. 北京体育大学学报，2004（06）：799-801.

[6] 沈建华，肖焕禹，龚文浩. 论学校体育、家庭体育、社会体育三位一体实施素质教育 [J]. 上海体育学院学报，2000（01）：6-8.

[7] 姚蕾. 中国城市学校体育教育现状与思考 [J]. 体育科学，2004，（12）：68-73.

[8] 甄子会. 影响我国高校体育教学发展的因素及对策分析 [J]. 体育与科学，2010，31（01）：109-112.

[9] 方千华，黄汉升. 改革开放以来我国普通高校体育教育本科专业课程设置的沿革 [J]. 西安体育学院学报，2006（01）：102-107.

[10] 蒋新国，肖海婷. 美国运动教育模式对我国学校体育课程改革的启示 [J]. 上海体育学院学报，2007（01）：82-85+90.

[11] 杨震，李艳翎. 我国高校体育场馆对社会开放的困境与优化策略 [J]. 北京体育大学学报，2013，36（01）：91-96+101.

[12] 季浏，汪晓赞，汤利军. 我国新一轮基础教育体育课程改革 10 年回顾 [J].

上海体育学院学报，2011，35（02）：77-81.

[13] 张册，唐艳平，王合霞，等 . 我国普通高校体育舞蹈课程开展现状 [J]. 北京体育大学学报，2009，32（09）：81-85.

[14] 董翠香，胡晓波，茹秀英 . 中国基础教育体育课程改革对体育教学改革的启示 [J]. 北京体育大学学报，2003（03）：355-357.

[15] 李忠堂，阎智力 . 我国基础教育体育课程改革 60 年回顾 [J]. 体育学刊，2010，17（12）：52-56.

[16] 王登峰 . 教育中的体育和体育中的教育 [J]. 体育科学，2017，37（12）：3-6.

[17] 程文广 . 近代以来中国体育思想及体育教育发展研究 [D]. 北京：北京体育大学，2006.

[18] 韩丹 . "体育"就是"身体教育"——谈"身体教育"术语和概念 [J]. 体育与科学，2005（05）：8-12.

[19] 马德浩 . 新时代我国高校体育发展的使命、挑战与对策 [J]. 体育学刊，2018，25（05）：5-12.

[20] 杨玲 . 高校体育文化"三位一体"教育模式构建 [J]. 北京体育大学学报，2015，38（01）：87-93

[21] 刘映海，石岩，丹豫晋 . 论体育的本质及其教育价值 [J]. 教育研究，2014，35（09）：24-32.

[22] 刘德，王华倬 . 生命安全教育：体育教育的本源回归探索 [J]. 北京体育大学学报，2015，38（07）：112-116+127.

[23] 万国华，戴永冠，孙健，等 . 体育教育的生命化 [J]. 北京体育大学学报，2012，35（07）：82-86+91.

[24] 李艳 . 中、美两国学校体育教育思想的比较研究 [D]. 北京：北京体育大学，2010.

[25] 尹志华，汪晓赞，季浏 . 体育教师教育标准体系框架的构建及其内涵 [J]. 上海体育学院学报，2016，40（01）：79-84.

[26] 胡敏 . 习近平新时代体育强国思想内涵及高校的任务 [J]. 体育学刊，2018，25（04）：1-6.

[27] 王德炜，顾红 . 中国高等学校体育教育研究 [M]. 北京：北京体育大学出版

社，2011.

[28] 段丽梅，戴国斌，韩红雨.何为学校体育之身体教育？[J].体育科学，2016，36（11）：12-18+49.

[29] 尹志华，汪晓赞，覃立.体育教育专业认证：重大意义、面临问题与推进策略[J].体育科学，2020，40（03）：3-14.

[30] 陈克正.新时代高校"体育＋思政"协同融合育人体系的构建[J].思想理论教育导刊，2020（09）：152-154.